프리랜서로 살아남기

프리랜서가 안정적으로 돈을 버는 방법 43가지

프리랜서로
살아남기

야마다 류야 지음 · 정지영 옮김

Kyra

일러두기

본문 내용 중 소득세 신고 일정과 납부 기한, 세율 등은 국내 상황에 맞게 변경
했습니다.

프롤로그

행복한 프리랜서와
불행한 프리랜서는
종이 한 장 차이

회사나 조직에 소속되지 않고 활약하는 프리랜서를 생
각하면 어떤 이미지가 떠오르는가? 자신의 기술을 살
려 높은 보수를 척척 받고, 원하는 시간에 일을 해 생계
를 유지하며, 자유로운 시간을 즐기는 직업이라는 행복
한 이미지인가?

　아니면 다음 달에 돈이 얼마나 들어올지 몰라 늘 불안
해하고, 매일 클라이언트에게 오는 업무 전화와 마감에
쫓기지만 수입은 얼마 안 되는 직업이라는 불행한 이미
지인가?

나는 10년 동안 프리랜서로 살아오며 이 두 경우를 모두 경험했다. 아침 일찍부터 밤늦게까지 일하는데도 은행 계좌의 돈이 점점 줄어들어 파산 직전에 몰리기도 했다. 반면 하루 2시간 정도만 일하면 끝날 정도로 업무량이 적어도 생활이 곤란하지 않을 만큼 수입이 들어오기도 했다.

작은 회사에만 다닌 탓에 큰 회사와 이어지는 연줄 없이 프리랜서를 시작했다. 게다가 직장에서 익힌 기술과는 전혀 관계없는 온라인 마케팅 분야였기에 특별한 기술이나 비법이 없어 숱한 고생을 겪었다. 그러나 지금은 프리랜서로 수익을 내는 구조를 만들었고 아마도 평생 일 걱정은 없을 것이다.

수많은 경험을 통해 깨달은 것은 행복한 프리랜서와 불행한 프리랜서는 종이 한 장 차이라는 것이다. 그럼 행복한 프리랜서가 되는 방법은 무엇일까? 그것은 프리랜서에게 주어진 자유를 어떻게 관리하느냐에 달려 있다.

시간, 업무 재량, 수입을 스스로 조절할 수 있다

프리랜서는 단어 그 자체에 '자유'라는 뜻이 포함돼 있는데, 대체 어떤 자유를 말할까? 프리랜서의 자유는 다음의 3가지로 정리할 수 있다.

- 시간의 자유
- 업무 재량의 자유
- 수입의 자유

프리랜서는 직장인에 비해 이 3가지 자유를 조절하기 쉽다는 큰 장점을 가진다.

프리랜서는 원하는 시간에 일할 수 있다

프리랜서와 직장인의 가장 큰 차이는 '시간의 자유'에 있다. 직장인은 기본적으로 매일 같은 시간에 출퇴근해야 한다. 유연근무제처럼 핵심 시간을 제외하고 자유롭게 출퇴근하는 방식도 있지만, 대부분 매일 정해진 시간에 맞춰 움직인다. 게다가 도심에 사는 사람이라면 매일 출퇴근 시간에 발 디딜 틈 없이 붐비는 전철과 버스를 견뎌야 한다.

러시 아워의 만원 전철에서는 수면 부족으로 멍한 사람이나 사소한 일로 말다툼을 벌이는 사람을 흔히 볼 수 있다. 격무에 지쳐 퀭한 얼굴의 회사원도 종종 눈에 띈다. 살벌한 만원 전철을 상상하면 매일 아침 침울해지는 사람이 많을 것이다. 나도 직장에 다닐 때 출퇴근 전철에서 '언제쯤 회사를 관둘 수 있을까?'라는 생각을 자주 했다. 프리랜서가 되어 원하는 시간에 일을 할 수 있게 되면서 당연히 만원 전철을 타지 않았다.

또한 스케줄에 맞춰 일을 나눠 할 수 있다. 우리 아이는 몸이 좀 불편해서 자주 병원에 가야 한다. 얼마 전, 낮에 아이를 병원에 데려갔다가 오후 4시에 집에 돌아왔다. 그리고 1시간가량 휴식을 취한 뒤 5시부터 밤 10시까지 일을 했다. 만약 직장에 다녔다면 휴가를 신청해야 했을 것이다. 육아에 적극적으로 참여한 덕분에 부부 사이도 돈독해졌다.

프리랜서는 함께 일할 사람을 고를 수 있다

프리랜서는 '마음에 드는 사람과 일하고 싶다', '분위기 좋은 카페에서 일하고 싶다'는 희망을 실현할 수 있다. 자신의 재량에 따라 자유롭게 일할 수 있기 때문이다. 직장인은 함께 일할 사람을 고를 수 없다. 상사와 불편한 관계여도 "상사를 바꿔주세요!"라는 말은 절대 입 밖으로 꺼낼 수 없다.

게다가 일을 거절하면 직장 내에서의 평가나 인간관계에 악영향을 끼친다. 직장의 인간관계가 힘들어서 이직을 생각할 정도로 괴로워하는 사람이 많다. 그에 비해 프리랜서는 함께 일할 사람을 고를 수 있다. 거절하고 싶을 때는 "일정이 꽉 차서 어렵다"라며 부드럽게 피할 수 있다.

또한 일할 장소를 고를 수 있다는 점도 프리랜서의 큰 매력이다. 요즘은 세계 어디에서도 클라우드만 있으면 일할 수 있다. 덕분에 여행지나 카페에서 작업하는 프리랜서를 쉽게 만날 수 있다. 이렇듯 여러 장소를 옮겨다니며 일하는 사람을 노마드 워커nomad worker라고 부른다. 유목민이라는 뜻의 노마드nomad를 결합한 말이다.

　나 역시 결혼해서 아이가 생기기 전에는 기분 전환할 겸 교토 주변을 어슬렁어슬렁 여행하며 일하기도 했다. 사실 나는 그리 돌아다니는 걸 좋아하지 않는 기질이지만, 국내외 여기저기를 다니며 자유롭게 일하고 싶은 사람이라면 더 큰 즐거움을 느낄 수 있을 것이다.

프리랜서는 수입을 자유롭게 관리할 수 있다

프리랜서는 자신이 얼마나 노력하느냐에 따라 수입이 달라지므로 실력대로 보수를 받고 싶은 사람에게 적합한 직업이다. 프리랜서의 수입은 자신의 능력이나 일한 시간에 비례하는 경향이 있다. 예를 들어 온라인에서 많은 화제를 불러 모으는 기사를 쓰는 작가라면 높은 보수를 제안 받는다. 인기 있는 일러스트레이터는 일러스트 한 컷에 수백만 원을 받기도 한다.

　그런데 직장인은 그렇지 못하다. 근속 연수와 성과를 합산해서 급여를 지급하는 회사도 많으므로 직장인이 반드시 실력에 상응하는 급여를 받는다고 할 수 없다. 아무리 열심히 기술을 갈고닦아도, 몸이 부서져라 일해도 입사 동기라는 이유로 옆 책상에서 느긋하게 일하는 사람과 같은 급여를 받는 일조차 있다.

직장인도 상황이 허락하면 일정 부분 일을 원하는 대로 조정할 수 있지만, 아무래도 프리랜서보다는 자유롭게 선택하기 어렵다. 하고 싶지 않은 일이나 자신과 맞지 않는 일을 하면 상대적으로 업무 성장 속도가 느려진다.

프리랜서는 하고 싶은 일을 고를 수 있고 성과가 수입에 바로 반영되므로 업무 성장 속도가 빠르다. 의식적으로 자신이 성장할 만한 업무를 선택하면 기술도 향상되고 실적도 점점 늘어난다.

또한 수입원을 분산할 수 있다는 것도 프리랜서의 특징이다. 부업을 금지하는 기업이 종종 있는데, 그런 경우 수입원은 하나밖에 없는 셈이다. 만약 회사가 부도나거나 갑자기 해고를 당하는 등 예상하지 못한 일이 생기면 수입이 완전히 끊기게 된다.

반면에 프리랜서는 수입원을 여러 군데 둘 수 있다. 실제 내 경우를 예로 들면, 다양한 클라이언트의 요구에 맞춰 복합적으로 매출을 올린다. 내 전문 분야는 온라인 마케팅이므로 주로 온라인 마케팅 컨설팅이나 온라인 광고의 운용 및 유지, 보수를 하는 일에서 수익을 얻는다. 중요한 것은 항상 여러 기업을 클라이언트로 두고 관리하는 데 노력을 기울여야 한다는 것이다. 때로 클라이언트가 교체되는 일이 생겨도 지속적으로 업무 의뢰가 들어오도록 하기 위해서다. 그 외에도 출간 도서의 인세, 세미나 강사 수입, 온라인 미디어를 운용해 얻는 광고 수입, 이벤트 매출, 투자에 따른 수입 등 다양한 방면에서 수입이 발생하도록 한다.

이렇게 개인이 혼자 복합적으로 수익을 올리는 것을 세계적인 베스트셀러 『100세 인생*100-Year life*』에서는 분산 투자를 뜻하는 포트폴리오 투자portfolio investment를 본떠 포트폴리오 근무자portfolio worker라고 부른다. 나는 예전부터 이러한 업무 방식을 제멋대로 '네오 프리랜서'라고 불러 왔다.

수입원을 여러 곳에 분산해 놓으면 거래처가 부도나는 것 같은 갑작스러운 일이 발생해도 갑자기 수입이 끊어지지 않는다. 게다가 남편(혹은 아내)이 전근을 가는 등 다른 지역으로 이사를 가야 하는 경우에도 선택할 수 있는 경우의 수가 훨씬 많아진다. 수입원 가운데 몇 가지는 직접 만나지 않아도 원격으로 업무를 진행할 수 있도록 해 두면 멀리 이사를 가더라도 일을 지속할 수 있다. 혹시 일어날 가능성이 있는 미래를 예상해 일을 다양하게 변형할 수 있게 해 놓는 것이다. 그러면 자유와 수익, 두 마리 토끼를 모두 잡을 수 있다.

시간, 업무 재량, 수입 가운데 무엇이 중요한지 수치화하라

이렇게만 보면 프리랜서가 굉장히 자유롭고 대단한 직업처럼 느껴질 수 있는데, 절대 그렇지 않다. 이 3가지 자유는 한쪽을 달성하기 위해 다른 한쪽을 어느 정도 희생해야 하는 트레이드오프trade off 관계에 있다.

- 시간의 자유(말 그대로 자유 시간 혹은 시간의 분배)
- 업무 재량의 자유(편리한 업무 관리)
- 수입의 자유(성과가 수입에 반영, 분산된 수입원)

이 3가지 자유 가운데 어느 쪽에 중요도를 높게 줄 것인지, 10점을 만점으로 놓고 점수를 매겨 보자. 내 경우는 다음과 같다.

- 시간의 자유 2
- 업무 재량의 자유 4
- 수입의 자유 4

나는 다소 바쁜 것은 크게 개의치 않으며 그보다 수입과 업무의 자유를 중시하는 생활 방식을 원하기 때문에 다음과 같은 그래프가 되었다.

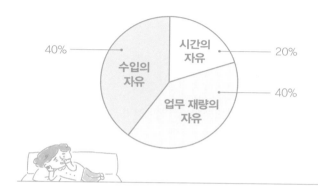

프리랜서의 3가지 자유를 바탕으로 한 저자의 배분

40% ──── 수입의 자유

시간의 자유 ──── 20%

업무 재량의 자유 ──── 40%

프리랜서가 되는 것은 인생의 선택이다

프리랜서로서 일하려면 먼저 '나에게 행복이란 무엇인가?'를 생각해 봐야 한다. 그것을 자각하면 3가지 자유 가운데 어느 것을 중시해야 하는지 알 수 있다. '시간보다도 돈을 원한다'며 수입을 중시할 수도 있고, '육아와 일을 병행하고 싶다'는 시간의 자유를 중시할 수도 있다.

프리랜서가 되는 것은 자신이 살고 싶은 인생을 선택

하는 일이기도 하다. 3가지 자유 중에서 자신의 기호에 맞는 것을 고르고, 그것을 잘 조절할 수 있는 사람이 행복을 누릴 수 있다.

프리랜서의 단점은 보장이 없다는 것

프리랜서에게는 장점도 있지만 당연히 단점도 존재한다. 가장 두드러진 단점은 직장에 속하지 않으므로 여러 가지 보장이 없다는 점이다. 가령 이번 달에는 일이 있었지만 다음 달에는 일이 들어오지 않을 수 있다. 또한 문제가 발생했을 때 누구도 대신해 주지 않는다.

사회적 신용도가 낮다는 것도 프리랜서의 단점 중 하나다. 나는 최근 몇 년 동안 연 수입이 1천만 엔(약 1억 원) 이상이었지만, 놀랍게도 은행에서 통장을 개설할 때 프리랜서라는 이유만으로 심사에서 떨어졌다.

자기 관리를 하지 못하면 장점이 단점으로 바뀐다

자기 관리를 하지 못하면 프리랜서의 장점은 오히려 단점이 된다. 어떤 일을 누구와 할지 고를 수 있다는 장점을 제대로 활용하지 못하고, 의뢰가 들어온 일을 무작정 받아들이면 보수도 낮은 일을 한밤중까지 쉴 없이 해야 할 수도 있다. 암울한 업무 환경에서 계속 일만 하는 데 수입은 적은 상태에 빠지게 된다. 직장인보다 열악한 상황이 되는 것이다. 프리랜서 중에는 클라이언트가 있는 곳에 상주하며 일하는 사람도 있지만, 그런 경우 업무를 재량껏 관리하기 어렵기 때문에 나는 선호하지 않는다.

프리랜서의 장점을 잘 활용하면 직장인보다 행복하지만 장점을 살리지 못하고 관리에 실패하면 직장인보다도 불행하다. 게다가 자기 관리를 잘못한 것은 바로 자기 자신이므로 직장이나 상사의 탓으로 돌릴 수도 없다. 결국 뭐라 말할 수 없는 불합리함이 항상 따라다니는 셈이다.

자신의 가치관에 따라 일하는 방식을 선택하고, 무리

하지 않는 범위에서 안정적으로 꾸준히 일하는 것이 프리랜서로서 행복해지는 길이다. 지금부터 성공적인 프리랜서가 되기 위한 방법을 소개하고자 한다.

자신의 의도와는 다르게 프리랜서가 될 수도 있다

프리랜서는 여러 가지 장점이 있지만, 거대 프로젝트에서 예산을 편성하고 관리하는 업무처럼 직장인이 아니면 경험할 수 없는 일이 많다. 또한 질병에 걸렸을 때 어느 정도 보호받을 수 있다는 것도 직장인의 특권이다.

하지만 현실적으로 직장은 몸과 마음이 건강하고, 특별한 문제가 없는 가족 관계를 가진 남성에게 유리한 구조로 되어 있다고 생각한다. 그런 구조에 편승하지 못하는 사람은 직장을 다니는 일만으로도 벅차다.

예를 들어 육아에 전념하는 여성은 안타깝게도 경력이 단절되기 쉽다. 또한 부모를 간호해야 하는 사람은 풀타임으로 일하기 어렵다. 병으로 자택에서 요양해야 하거나 상사와 문제가 생겨서 퇴직하는 사람도 있다.

최종적으로 직장인은 모두 정년퇴직을 맞이하게 된다.

직장에 다니며 기술을 쌓아서 계획적으로 독립하는 사람은 적극적으로 프리랜서가 된 사람이다. 반면에 어떤 사정이 있어서 소극적으로 프리랜서가 된 사람도 있다. 내가 프리랜서가 된 것도 사실은 소극적인 이유에서였다. 나는 대학을 졸업하고 오사카의 직원 10명 남짓한 작은 회사에 입사했다. 그 회사는 IT 계열 시스템 개발 회사였으며, 나는 주로 공공 기관을 담당하는 시스템 엔지니어로 근무했다.

당시 회사는 하청을 받는 일이 많고 막차 시간까지 일해야 하는 날이 잦아서 여러 가지로 녹록지 않았다. 물론 인간적으로 훌륭한 상사와 동료를 만나고, 미숙한 나를 고용해 준 일은 지금도 감사하게 생각한다. 하지만 열악한 노동 환경과 엔지니어라는 일이 적성에 맞지 않는다는 사실을 깨달아 결국 그만둘 시기를 생각하게 되었다.

직장에 별로 미련이 없었기에 종종 '회사를 그만두고 나면 무슨 일을 할 수 있을까?' 고민했고 결국 퇴사를 결심했다. 이런 무모한 행동 탓에 독립 후 지옥을 맛보았지만 말이다. 퇴사하고 나서부터 계속 프리랜서로 활동했고 올해로 10년째를 맞이했다. 현재는 시간과 수입을 자유롭게 관리할 수 있는 프리랜서의 업무 방식이 마음에 든다. 내 이야기를 하면 한없이 길어질 것 같으니 이 정도만 해 두겠다.

적극적으로 프리랜서가 되었든 소극적으로 되었든, 내가 프리랜서가 되고 나서 느낀 점은 행복해지려면 스스로 일하기 편한 삶의 방식을 찾아야 한다는 것이다. 여러분도 자기 인생에서 작은 혁명가가 되어 보기를 바란다.

차례

2. 일이 끊이지 않는 클라이언트 모집 기술

3. 스트레스 없는 프리랜서 업무의 기술

4. 경제적 불안을 없애기 위해 알아 두어야 할 것

에필로그

1

프리랜서가
안정적으로 돈을 벌기 위한
기본 요소

02

프리랜서의
3가지 특징

프리랜서로서의 강점을 파악하기

프리랜서가 가장 처음 해야 할 일은 자신이 어떤 사람인지를 알아보는 것이다. 수많은 프리랜서 속에 묻히지 않고 클라이언트가 나에게 비싼 돈을 내면서까지 일을 맡기게 하려면 눈에 띄는 강점을 찾아야 한다. 특히 계속 안정적으로 수익을 내려면 '나만의 희소 가치'를 높일 필요가 있다.

나만의 희소성이 없으면 누가 해도 상관없는 일만 들어오게 된다. 게다가 그렇게 누구나 할 수 있는 일은 점차 인공지능AI 기계가 처리하거나 값싼 해외 노동자에게 빼앗길 가능성이 높다.

그렇다면 어떻게 해야 희소성을 높일 수 있을까? 자신의 다양한 특징을 조합해서 강점을 만들어야 한다. 가령 스스로를 작가라고 소개하는 사람은 적지 않다. 그러나 비즈니스 계통의 글쓰기에 강한 사람이라고 하면 범위가 확 줄어든다. 게다가 "지금까지 천여 명의 경영자를 인터뷰해 왔다"라고 하면 희소가치가 대폭 높아진다. 이처럼 여러 주요한 특징이 더해지면서 희소가치가 높은 사람이 되고, 누구도 대신할 수 없는 존재가 되는 것이다.

그러므로 성공적인 프리랜서가 되고자 한다면 우선 자신의 특징을 3가지로 정리해 보자. 첫 번째 특징은 '직업'이다. 이것은 글을 쓰는 작가나 일러스트레이터 등 일반적으로 말하는 직업을 의미한다. 나의 경우는 마케터다. 그런데 작가가 한두 명이 아니므로 '어떤 분야에 특화된 사람인가'를 분명히 하지 않으면 클라이언트도 무슨 일을 맡겨야 좋을지 알 수 없다.

따라서 두 번째 특징은 '장르'다. 작가나 일러스트레이터라면 출판계나 온라인 전문으로 나눌 수 있고, 마케터는 온라인 광고, 검색 사이트 홍보, 카피라이팅 등 기술적 측면에 따라 분류할 수 있다.

마지막 세 번째는 '전문 분야 및 특기'를 명확히 하는 것이다. 어떤 분야를 잘하는지 알리면 들어오는 일의 방향성을 좁힐 수 있다. 작가라면 여행이나 맛집 탐방 기사를 주로 쓴다거나 일러스트레이터라면 여성 라이프 스타일이나 동물 일러스트 등을 전문적으로 그릴 수도 있다.

이렇게 장르와 전문 분야의 교집합을 찾아가면 다른 프리랜서와 어떻게 차별화 되는지를 분명히 할 수 있다. 클라이언트는 "이 사람은 온라인 매체를 전문으로 하는 작가이며 여행 기사를 쓴다"고 쉽게 파악할 수 있다. 전문 분야가 무엇인지 명확하게 제시하면 막연한 의뢰가 오는 일도 줄어든다.

프리랜서는 3가지 특징으로 차별화된다

1. 직업		예: 작가
	×	
2. 장르		예: 온라인 전문
	×	
3. 전문 분야 **특기 분야**		예: 여행

⇓ **3가지를 조합하면**

> 프리랜서가 무기로 사용할 수 있는
> 나만의 강점을 알 수 있다

예시) 온라인 매체에서 여행 기사를 잘 쓰는 작가

　전문 지식이 필요한 일이라면 클라이언트가 '전문 지식에 정통한 당신에게 꼭 의뢰하고 싶다!'라고 생각하게 만들 수 있다. 게다가 두 번의 단계를 거치면서 범위를 좁혔으므로 '온라인 매체의 여행 분야가 특기니까 맛집 탐방 기사도 부탁할 수 있을 거야'라는 구체적인 제안으로까지 이어질 수 있다. 가능하다면 두 가지가 아니라 몇 가지 특징을 조합해서 다양하게 자신의 강점을 알리는 것이 좋다.

평균 이상이라면 특기라고 할 수 있다

전문 분야를 정해 두면 하고 싶은 일을 할 가능성이 높아지지만, 현실적으로 스스로의 실력이 전문가라고 말하기 어려운 경우도 있다. 그러므로 3가지 특징은 프리랜서로 활동하면서 정해 가도 좋다. 일하면서 경험을 쌓을수록 더 전문성이 높아지기 때문이다.

하지만 어느 정도 전문성을 갖추었으면서도 '이것을 특기라고 말해도 될까?'라며 고민하는 사람이 많다. 스스로 판단하기에 '평균 수준 이상'으로 해낼 자신이 있으면 전문 분야라고 지칭해도 문제 없다.

처음 프리랜서로 독립했을 무렵, 나는 세컨드 라이프 Second Life(3차원 그래픽으로 만들어진 인터넷 기반의 가상 현실 공간) 마케팅 사업을 전문 분야로 내세웠다. 그러나 세컨드 라이프의 인기가 시들해지면서 '나는 과연 뭘

할 수 있을까?' 고민하며 방황하던 시기가 있었다.

그때 '나는 홈페이지 제작과 블로그 운영을 할 수 있고, 지인의 회사 웹사이트를 관리한 적이 있었지. 앞으로 온라인 광고를 배우면 온라인 마케팅 일을 할 수 있을지 몰라' 하는 생각이 들었다. 그래서 온라인 마케팅 공부를 시작했고 온라인 홍보 관련 일을 맡을 수 있었다. 처음에는 서툴렀지만 점차 실력이 좋아져서 이제는 "이것이 전문 분야"라고 당당히 말할 수 있다.

지름길로 갈 수 없다면 3가지 특징부터 모색해 보자

프리랜서에게는 성공의 지름길이 있다. 유명 대학을 나와서 프리랜서로 전향하기에 적합한 대기업에 들어가 5~10년 정도 근무하며 기술과 인맥을 확실히 익힌 다음에 독립하는 것이다. 그렇게 하면 퇴직한 회사에서 일을 받을 수 있고, 직장에 다니면서 만든 인맥으로 일을 맡을 수도 있다.

아무래도 화려한 경력을 가진 사람이 프리랜서로 성

공하기에 압도적으로 유리한 것이 현실이다. 지름길을 거쳐 프리랜서로 독립한 사람은 비디오 게임 드래곤 퀘스트에 비유하자면 무기나 장비를 완벽하게 갖춘 상태에서 싸움을 시작하는 것과 같다.

내 경우 직장에서 배운 기술과 관련 없는 분야에서 독립했으므로 평범하게 레벨 1부터 시작한 것과 다름없다. 가장 기초 아이템인 '노송나무 봉'을 들고 '천 옷'을 입고 싸우는 셈이었다. 심지어 방향성도 좀처럼 정하지 못해 아무 소득 없는 실패를 거듭했다. 그러나 그런 과정을 거쳤어도 지금은 프리랜서로 일하며 안정적으로 생활하고 있다. 나처럼 지름길을 거치지 않고도 생계를 유지하는 프리랜서가 많다.

이 책을 읽는 사람 중에는 '프리랜서가 되고 싶긴 한데 과연 성공할 수 있을까?'라며 고민하는 사람이 꽤 있을 것이다. 프리랜서의 힘겨운 현실을 겁내서 포기하기보다 먼저 자신의 '3가지 특징'이 무엇인지 점검해 보는 것이 좋다. 직장을 그만두는 것은 그 다음의 일이다.

나에게 맞지 않는 일을 맡는 것은 지뢰를 밟는 것이다

내가 잘할 수 있는 전문 분야가 있는 한편 "내용을 이해하려고 했지만 거부 반응이 생길 정도로 잘 모르겠다", "일의 핵심이 뭔지 모르겠다"고 할 만큼 자신과 맞지 않는 업무도 있다. 흔히 "좋아하는 일을 직업으로 삼자!"라고 하지만 그보다는 "나와 맞지 않는 일은 하지 말자"가 더 현실적이지 않을까?

자신에게 맞지 않는 일은 전문 분야인 일과 비교해서 아무래도 시간이 걸리기 때문에 노동 단가(시간 대비 일의 효율)가 낮아진다. 거기에 '하기 싫다'는 생각이 더해져 기술도 향상되지 않는다. 내게 맞지 않는 일을 계속하면 업무 성장 속도가 현저히 떨어질 것이다. 물론 일거리가 전혀 없을 때는 하기 싫은 일이라도 참고 받아들일 수밖에 없겠지만 가능한 피하는 편이 낫다.

자신에게 맞지 않는 일이 무엇인지 알지 못하는 경우도 있다. 그럴 때는 여러 가지 일에 도전해 보고 맞지 않는다고 느껴지는 일을 찾아 가는 수밖에 없다. 가령 먹어 보지도 않고 싫어하는 음식이 있다고 하자. '분명히 내가 싫어하는 맛'이라고 단정하고 먹어 보지 않는다면 아무리 시간이 흘러도 정말 못 먹는 음식이 무엇인지 알 수 없다. 자신에게 맞지 않는 일을 찾을 때도 실제로 일을 해 보지 않으면 알 수 없는 법이다.

**'직업×장르×전문 분야 및 특기'로
나와 다른 프리랜서를 차별화시켜서
희소성을 높이자.**

03

당신이 하려는 분야에
니즈가 있는가?

먼저 클라이언트의 니즈가 있어야 한다

앞서 소개한 세 가지 특징으로 나만의 강점을 차별화했다 해도 클라이언트의 '니즈needs'가 없으면 일이 들어오지 않는다. 가령 프리랜서 카메라맨에게 기업 카탈로그에 넣을 상품 사진을 찍어 달라는 요청이 들어왔다고 하자. 거기에 "저는 예술적인 풍경 사진을 더 잘 찍을 수 있습니다!"라고 한다면 발주를 받을 수 없다.

더구나 막 프리랜서를 시작한 경우라면 경험이 적기 때문에 '사람들이 원하는 것이 무엇일까?' 고민하게 된다. 그럴 땐 먼저 동종업계에서 프리랜서로 활동하고 있는 사람을 살펴보자. 만약 글을 쓰는 작가라면 "글쓰기뿐 아니라 편집까지 할 수 있는 사람을 원하는구나"라는 식으로 클라이언트의 니즈를 파악할 수 있다.

성공한 프리랜서 중에는 보수를 더 많이 받을 수 있는 방법을 다양하게 궁리하는 사람이 있다. 작가가 글을 쓰는 것은 물론 작업 전반을 관리할 수 있다는 점을 어필해서 진행료까지 받기도 한다. 처음 프리랜서를 시작할 때는 이미 프리랜서로 활동하는 사람이 구상해 놓은 방식을 참고하면 도움이 된다.

또한 새로운 시장에도 니즈가 잠재한다. 물론 '새로운 시장은 규모가 작아서 수익을 내기 어렵지 않을까?' 우려되는 면이 있다. 예를 들어 10여 년 전에 웹라이터 Web writer(온라인상에 글을 써서 올리는 사람을 포괄적으로 가리키는 말._옮긴이)는 오프라인에 글을 쓰는 작가에 비해 전혀 평가받지 못했고 단가도 무척 낮았다. 그러나 이제는 웹라이터의 평가가 달라졌고 단가도 높아졌다. 앞으로 이 분야의 클라이언트 니즈는 더욱 상승할 것이다.

성장하는 시장은 분위기가 활기차고 해 볼 만한 일도 많다. 게다가 새로운 시장에는 이미 자리를 잡은 전문가가 많지 않으므로 경험이 적은 프리랜서라도 발주를 받을 가능성이 있다. 그곳에서 실적을 쌓으면 시장이 성장했을 무렵에는 제일 앞서 나갈 수 있다. 처음 프리랜서를 시작할 때 거의 경험이 없는 일은 피하려는 경향이 있는데 오히려 기회가 될 수 있음을 잊지 말아야 한다.

막 프리랜서로 독립해 전문 분야가 아직 확립되지 않았다면 새로운 시장에서 기회를 잡아 그 분야를 특기로 삼을 수도 있다. '프리랜서로서의 나의 강점'을 찾을 때, 앞서 말한 세 가지 특징뿐 아니라 세상이 원하는 니즈가 무엇인지도 놓치지 말아야 한다.

독창적인 존재는 의외로 위험하다

막 프리랜서가 되었을 당시, 나는 강점으로 삼을 만한 전문 분야가 없었다. 그런데 때마침 한 지인이 인터넷 관련 회사를 만들자고 제안해서 당시 유행하던 세컨드 라이프의 제작 및 마케팅 사업을 시작했다. 세컨드 라이프는 인기가 있었기에 흥미를 보이는 회사가 많았다. 그러나 상품 내용이나 가치를 설명하는 것이 어려워서 계약이 성사되더라도 클라이언트를 유지하고 관리하는 데 상당한 노력이 필요했다.

경쟁 상대가 많은 상품이라면 클라이언트가 현재 거래하는 회사에 불만이 있어 이쪽으로 옮겨 오는 경우가 있다. 그럴 때는 간단히 설명해도 쉽게 계약이 성사되므로 일이 빠르게 진행된다. 그런데 세컨드 라이프 비즈니스는 라이벌 기업이나 상품이 거의 없어 다른 회사에서 옮겨 오는 클라이언트를 기대할 수 없었고 계약 성공률이 극히 낮았다. 그 경험으로 '경쟁 상대가 없는 독창적인 상품을 다루는 것은 위험하다'는 것을 통감했다.

프리랜서 중에는 '다른 프리랜서보다 눈에 띄려면 독창적인 존재가 되어야 한다'는 생각에 자기 일에 색다른 이름을 붙이는 경우가 있다. 가령 '하와이에서 배운 명상법을 통해 행복으로 인도하는 하와이안 해피 코칭'

같은 특이한 명칭을 써서 다른 곳에는 없는 독창적인 방식이라고 소개한다.

분명히 '하와이에서 온 명상법'과 '코칭'이라는 조합은 드물 수도 있다. 그러나 그 상품을 원하는 클라이언트의 니즈가 없으면 일로 연결되지 않는다. 따라서 강점으로 내세우는 분야는 '경쟁 상대가 있고 클라이언트가 이해하기 쉬운' 곳에서 시작해야 일로 연결되기 수월하다.

**동종업계에서 성공한 사람은
어떤 '니즈'를 만족시키고 있을까?**

04

무엇부터
시작해야 할까?
마케팅과 시간 배분을 고려하기

어떻게 클라이언트를 찾을까?

안정된 수입이 보장되지 않는 프리랜서는 업무 시간의 일정 부분을 새로운 클라이언트를 찾는 데 투자해야 한다. 따라서 이 장에서는 '시간 배분'과 '마케팅'에 대해 생각해 보자.

마케팅이란 클라이언트를 찾아서 수익을 발생시키는 구조를 만드는 일이다. 먼저 자기 자신에게 "클라이언트가 있는가?" "클라이언트를 어떻게 찾을 것인가?"라고 질문해 보자. 클라이언트가 전혀 없다면 업무 시간의 100퍼센트를 마케팅에 투자해야 한다.

현재는 클라이언트가 있어서 안심할 수 있는 상황이라도 언젠가 일이 끊어질 가능성이 있다. '일에서 실수하지 않는 한 업무 계약은 끝나지 않을 거야'라고 생각할지도 모른다. 그러나 담당한 클라이언트의 성장을 돕는다고 해도 업무가 없어질 수 있다. 좋은 성과를 내면 계속해서 일이 들어온다는 것은 안이한 생각이다.

예를 들어 나는 IT 스타트업 기업의 마케팅을 담당한 적이 있었다. 열심히 일해서 프로젝트를 성공시킨 덕분에 기업이 폭발적으로 성장했고 마케팅 부서도 확대됐다. 그런데 새로 들어온 임원이 자신과 인연이 깊은 프리랜서에게 일을 발주하도록 지시를 내렸다. 그렇게 나에게 오던 일이 끊기고 말았다. 업무를 성공시켰더니 계약이 끊어져 버리는, 프리랜서의 불편한 현실이다.

말하자면 아무리 일을 잘하더라도 계약이 계속 이어진다고 확신할 수 없다는 것이다. 이때 아무 준비도 하지 않은 사람은 '업무를 100점 만점으로 처리하려고 노력했는데 어째서 계약이 끝난 거야?'라며 불합리하게 느낄 것이다.

업무 평가는 자신이 생각하는 이상으로 복잡하다. 회사에서도 업무를 잘하거나 부하 직원에게 존경 받는 사람이 반드시 출세한다고 단정할 수 없듯이 프리랜서의 평가도 그리 단순하지 않다.

그러므로 설령 클라이언트와 계약이 끊기더라도 그 일이 내 실적이나 능력을 향상시켜 주는지가 중요하다. 프리랜서는 시대와 함께 변화하는 클라이언트의 니즈에 대응하지 못하면 살아남지 못하기 때문이다. 프리랜서는 업무를 하면서도 끊임없이 공부해서 클라이언트가 필요로 하는 능력을 습득해야 한다. 계약이 끊어져도 위기에 빠지지 않도록 항상 새롭게 터득한 기술을 높이 사줄 다른 회사를 찾는 노력을 병행해야 한다.

업무 시간의 일부는
새로운 클라이언트를 찾는 데 사용하라.

05

생활비는 적어도
1년분을 비축해 두기

최저한의 생활비가 없으면 여유가 없어진다

이제 프리랜서로서 활동하기 위해 준비할 돈을 생각해 보자. 프리랜서는 독립할 때 최소한 1년치 생활비의 1.5배(2배가 이상적)를 저축해 두는 편이 좋다. 그래야 정신적으로 안정되어 마음의 여유가 생긴다.

그럼 먼저 자신이 최소 얼마의 생활비를 쓰는지 계산해 보자. 도심에서 혼자 생활한다면 집세, 식비, 관리비 등을 합쳐서 1년에 2천만 원 가량 필요할 수 있다. 그러면 2천만 원(최소 필요한 생활비)의 1.5배는 3천만 원(여유 있는 생활비)이다. 작가나 일러스트레이터가 쓰는 영업비는 교통비 정도이므로 1년치 생활비에 포함해서 계산한다. 이것은 대략 예시로 든 금액이므로 절대 조건은 아니다. 하지만 예상보다 일이 잘 풀리지 않았을 때는 상황이 전혀 달라지므로 가능한 한 많이 저금해 두자.

'어째서 여윳돈이 필요하지?'라는 의심이 들지 모른다. 그러나 막 프리랜서로 독립했을 때는 생각한 것처럼 일이 잘 잡히지 않을 수 있다. 또는 일이 있다고 해도 가격을 협상하는 데 익숙하지 않아서 생각보다 수익을 남기지 못하기도 한다. 게다가 최저한의 생활비가 없으면 클라이언트와의 가격 협상에서 불리해지기 쉽다. '생활을 해야 하니 무슨 일이든 상관없다'는 마음으로 일을 받으면 초저가 가격으로 매일 하기 싫은 일을 해야 할 수도 있다.

여유가 없으면 정신적으로 힘들어진다

돈이 없으면 여유가 없어진다. 나는 프리랜서 1년차일

때 돈이 점점 줄어드는 공포를 실제로 경험했다. 당시 값비싼 월세의 긴자 근처 아파트에서 룸메이트와 함께 살았는데, 룸메이트는 우울증에 걸려 무직 상태였다. 막 프리랜서를 시작한 나 역시 일이 없었고 직장 다닐 때 모아 둔 저금으로 집세와 생활비를 모두 충당했다.

마침내 저금해 둔 돈도 바닥을 드러냈다. 결국 생활이 불가능해졌고 독립하고 6개월 후인 2007년 9월에 융자를 받았다. 일본 국민금융공사와 거주지인 주오中央구의 융자 제도를 이용해 9백만 엔(약 9천만 원)이라는 큰 금액을 빌릴 수 있었다. 이 융자금으로 2008년 5월 세컨드 라이프에서 온라인 마케팅으로 사업 전환을 도모했다. 그러나 돌아오는 보수는 적었고 실적도 신통치 않았다. 당연히 매출도 예상을 훨씬 밑돌았다.

반면, 매달 융자 변제에 20만 엔과 생활비 20만 엔이 들어갔다. 자금은 점점 줄어들었고 생활비를 벌기 위해 보수가 낮은 일이나 조건이 나쁜 일이라도 받아들였다. 미래가 보이지 않는 안개 속을 헤매는 것 같았다. '이제 슬슬 위험하다'는 초조한 마음은 점차 나를 병들게 했다. 기분을 조절할 수 없어서 공연히 아침 일찍 눈이 떠지거나 밤중에 눈물이 나기도 했다.

그야말로 파산 직전이었지만, 파산 신청으로 채무를 정리하면 신용정보기관의 블랙리스트에 올라서 대출이 불가능해진다. 그래서 무슨 일이 있어도 파산은 피하고자 필사적으로 일을 했다.

내 이야기는 하나의 사례지만, 이렇듯 일은 늘 예상대로 진행되지 않는다. 예상외의 일이 일어날 때를 대비해서 최소 생활비를 넉넉히 준비해 두기 바란다. 충분한 저축 없이 독립한 경우에는 일을 해서 수입이 들어오면 먼저 1년치 생활비부터 저축해야 한다. 예상치 못한 일은 언제 어디서든 반드시 일어나기 마련이다. 어느 정도 실패를 피할 순 없다. 하지만 자신을 잃어버리지 않고 프리랜서를 계속해 가려면 마음의 여유가 중요하다.

**1년치 생활비가 있으면
정신적으로 여유가 생긴다.**

06

필요한 생활비를 바탕으로 '매출 목표' 정하기

여유로운 생활을 위한 매출 목표

앞 장에서 최소 생활비를 이야기했으니 이번에는 최저 연간 매출 목표를 생각해 보자. 프리랜서로서 매달 목표로 할 매출은 '여유롭게 생활하기 위해 필요한 생활비+저축하고 싶은 금액'이다. 매달의 매출 목표×12개월로 계산하면 연간 매출 목표를 알 수 있다.

'4천만 원을 벌면 연봉 4천만 원인 직장인과 같은 생활을 할 수 있을 텐데, 어째서 직장인보다 돈을 더 벌어야 하지?'라고 생각할 수 있다. 그러나 프리랜서에게는 사회 보장이 없다. 직장인은 취직한 시점에 자동적으로 국민연금을 포함한 4대 보험(건강보험, 고용보험, 산재보험)에 가입된다. 그리고 비용(사회 보험료)은 회사가 반액 부담하는 구조다.

그런데 프리랜서에게는 그런 특전이 없다. 따라서 직장인과 비슷한 생활 수준을 누리고 싶다면 직장인 연봉에 2천만 원 정도를 더해서 벌지 않으면 여유 있는 생활을 할 수 없다. 물론 그 이상을 벌더라도 알뜰하게 저축해 둬야 한다.

예를 들어 연봉 3천만 원인 직장인과 같은 생활 수준을 목표로 한다면 프리랜서에게 필요한 매출총이익은 직장인의 연봉에 2천만 원을 더한 5천만 원이다. 매출총이익이란 매출에서 매출원가를 제외한 금액을 말하는데, 수식으로 표현하면 '매출 - 원가'다.

매출 목표가 머릿속에 있으면 무슨 일을 해야 하는지 쉽게 판단할 수 있다. 돈을 많이 벌고 싶은데 일이 하나도 없다면 보수가 낮은 일이라도 받아들여야 생활할 수 있다. 혹은 일이 많은데도 매출 목표에 도달하지 못한다면 박리다매 상태이므로 상품이나 서비스의 가격을 조정해야 한다.

같은 거래처하고만 매출을 올리는 상황도 상당히 위험하다. 새로운 클라이언트는 늘어나지 않고 기존 고객에게만 의존하는 상태이므로 시간 사용법을 수정할 필요가 있다.

여유로운 생활을 위해 수익을 안정적으로 만들려면 우선 최소로 필요한 매출 목표를 정해 두자.

프리랜서는 직장인의 월급보다 더 벌어야
비슷한 생활 수준을 맞출 수 있다.

07

심사를 받아야 하는 것은
프리랜서가 되기 전에 해 두기

프리랜서의 사회적 신용은 없는 것과 같다

심사를 거쳐야 하는 신용카드, 대출, 은행계좌 열기 등은 목록을 작성해서 프리랜서가 되기 전에 미리 심사를 통과해 두기를 추천한다. 계약자의 경제적 안정성을 심사받을 때 프리랜서는 심사를 통과하기 어렵기 때문이다.

직장인은 신용카드나 주택융자 대출 심사에 떨어질 일이 거의 없다. 그런데 직장이라는 후원자가 없는 프리랜서는 그러한 심사에서 종종 떨어지곤 한다. 말하자면 프리랜서의 사회적 신용도는 없는 것과 같다. 게다가 심사에 떨어지면 "이 사회에서 너는 성공하지 못해"라는 말을 들은 것처럼 정신적으로 매우 충격을 받는다.

실제로 작가인 한 친구는 "직장인일 때와 달리 프리랜서가 되면서 신용카드를 만들지 못하게 됐어"라는 한탄 섞인 말을 털어놓았다. 자신과 비슷한 연봉을 받는 직장인 친구와 함께 비교적 심사가 통과되기 쉬운 신용카드를 신청했는데, 친구만 통과하고 자신은 떨어져서 놀랐다고 한다.

심사가 필요한 것은 직장인일 때 준비한다.
프리랜서가 된 이후에는
통과하기 쉬운 방법을 고르자.

08

가족이 반대할 때는
어떻게 해야 할까?

가족이 이해해 주지 않을 경우

프리랜서를 꿈꾸는 직장인이 아내에게 "프리랜서가 되고 싶은데……"라고 말했다가는 "무슨 말도 안 되는 소리를 하는 거야!"라는 반응을 얻기 일쑤다. 가족의 강한 반대에 부딪히는 것이다.

가족들은 '갑자기 충동적으로 프리랜서가 된들 제대로 성공할 수 있겠어?'라고 생각하기 때문에 반대하는 것이다. 그러니 가족들에게 먼저 프리랜서로 일하고 싶은 진심을 전달하자. 예를 들어 만화를 한 번도 그려본적 없는 아이가 갑자기 부모에게 "만화가가 되고 싶어요!"라고 한다면 부모는 당연히 반대할 것이다. 하지만 실제로 만화를 수백수천 장 그리고 프로 만화가에게 조언을 구하러 가는 등 진심이 전해지는 행동을 하면 부모의 반대는 훨씬 누그러진다.

가족을 설득할 때는 마지노선을 정하거나 프리랜서로 성공하지 못했을 경우의 진로를 미리 말하는 것도 효과적이다. "절대 빚은 지지 않을 테니 프리랜서로 1년만 일하게 해 주면 좋겠어" 혹은 "3년 동안 프리랜서를 해서 결과가 나오지 않을 때는 회사원으로 돌아갈게"라고 분명한 계획을 말하면 가족은 훨씬 마음을 놓을 수 있다.

가족에게 함께 일할 동료를 소개한다

가족에게 업무 관계자를 소개하는 것도 일의 이해도를 높이는 좋은 방법이다. 사람은 같은 대상을 여러 번 접하면 친밀감이 솟아올라서 경계심이 서서히 없어진다.

이것을 자이언스 효과Zajonc effect(단순 접촉 효과)라 한다. 무엇보다 가족이 업무 내용을 알게 되면 더 이상 "나는 당신이 무슨 일을 하는지 모르겠어"라는 말은 듣지 않을 것이다.

나도 일하면서 친해진 사람을 집에 초대하거나 내가 운영하는 독서 모임에 가족을 참여시키기도 한다. 아군을 얻고 싶다면 사소한 일이라도 좋으니 먼저 상대가 그 일에 관심을 갖고 참여하게 만들자. 또한 자신의 일을 이해시키는 데서 그치지 말고 시간을 유연하게 사용할 수 있는 프리랜서의 장점을 살려 육아나 집안의 대소사에 협력한다면 가족 관계가 더욱 좋아질 것이다.

**가족의 이해를 얻고 싶다면
구체적인 행동으로 보여 주자.**

09

사무실은 필요 없다

코워킹 스페이스 사용하기

따로 준비가 필요 없어서 간편한 코워킹 스페이스

프리랜서 중에는 오피스텔을 하나 빌려서 전용 사무실로 이용하는 사람이 꽤 있다. 그런데 일단 고정 사무실을 차리려면 기본적인 가구와 사무기기를 갖추어야 한다. 또 수도료와 전기료 등 유지 관리비도 들어간다. 그래서 나는 고정 사무실보다 한 공간을 여러 명과 공유해서 사용하는 코워킹 스페이스Co-working Space(공유 오피스)를 추천한다.

코워킹 스페이스는 가구를 사거나 관리비를 낼 필요

가 없다. 적게는 월 10~20만원의 정해진 이용료만 내면 사무실을 사용할 수 있다. 법인이라면 사업장 소재지가 필요하지만, 개인 사업자등록은 주소, 전화번호, FAX 번호 등을 빌릴 수 있는 버추얼오피스(가상 사무실) 서비스를 이용하면 큰 어려움 없이 할 수 있다. 법인 등록이 가능한 코워킹 스페이스도 있다.

코워킹 스페이스 중에는 회의실을 빌릴 수 있는 곳도 있어서, 여기저기 돌아다니며 클라이언트와 만날 장소를 찾는 수고도 없어진다. 코워킹 스페이스는 다니기 쉽도록 자택에서 가까운 장소에 있는 곳이 바람직하다. 매일 일하는 장소이므로 가까운 것이 최우선이다. 또한 "집에 있으면 빈둥거리게 된다", "가족이 있으니까 일에 집중할 수 없다"라는 사람에게도 편리한 장소다. 업무나 공부를 하고 싶은 사람이 모여 있는 코워킹 스페이스에서는 자연스럽게 집중할 수 있는 분위기가 형성된다.

집에 틀어박혀서 일을 하다 보면 점점 사람 만나는 일이 줄어들고 움츠러들면서 사고가 부정적으로 변할 수 있다. 직장 동료처럼 긴밀하게 연결된 사이는 아니지만 여러 사람이 있는 공간에서 일하는 것은 기분 전환에도 도움이 된다.

코워킹 스페이스에서는 업무의 폭이 넓어진다

코워킹 스페이스를 이용하면 다른 프리랜서와 만날 기회가 늘어나고 인연이 생겨서 다른 일로 연결될 가능성도 있다. 특히 이용자끼리 교류 이벤트가 많은 곳이라면 다른 이용자들과 친해지기가 쉽다.

또한 벤처기업이나 대기업을 불러 이벤트를 개최하는 곳도 있으므로 일로 연결될 기회를 잡을 수도 있다. 게다가 코워킹 스페이스를 관리하는 직원과 친해지면 때로 관련 분야에서 일하는 다른 이용자를 소개해 주기도 한다.

따라서 코워킹 스페이스를 구할 때 핵심적으로 봐야 하는 것은 그곳의 콘셉트다. 우선 어떤 이용자가 많은지 알아보자. 디자이너가 많은지, 프로그래머가 많은

지, 사회적 기업 계열이 많은지, 코워킹 스페이스에 따라 차이가 있다. 이것은 직원에게 직접 물어봐도 되고, 어떤 이벤트가 자주 개최되는지 성향을 살펴보면 대략의 콘셉트를 알 수 있다.

나는 오랫동안 메구로目黑에 있는 HUBTokyo라는 코워킹 스페이스를 이용하고 있는데, 그곳에서 좋은 인간관계를 맺어서 흥미로운 일로 연결된 적도 많다. 따라서 코워킹 스페이스는 이용 요금이나 입지뿐 아니라 인간관계가 확장되는 부분까지 의식해서 선택하는 게 좋다.

코워킹 스페이스의 특징을 최대한 활용하자.

나의 월요일

프리랜서 공감 ①

2

일이 끊이지 않는
클라이언트 모집 기술

10

꾸준히 일이 들어오는
프리랜서의 3가지 유형

성공하는 프리랜서의 3가지 유형

안정적으로 꾸준히 수익을 내는 프리랜서는 어떻게 일
을 구하는 걸까?

"처음에는 낮은 금액을 받더라도 좋은 일을 계속한
다면 언젠가 인정받게 될까?"

"인맥을 점점 쌓아 나가면 일이 들어올까?"

"블로그나 SNS에 정보를 올리다 보면 유명해져서 일
이 찾아올까?"

전부 정답인 동시에 오답이기도 하다. 앞에서 말했

듯이 나는 프리랜서로 독립한 뒤 오랫동안 일을 구하는 데 고생해서 한때 파산 직전까지 갔다. 그래서 '프리랜서로 꾸준히 일하는 사람들은 도대체 어떤 비법을 갖고 있을까?'를 알아내고자 열심이었다.

가장 큰 문제는 내 전문 분야인 온라인 마케팅의 지식과 기술을 갈고닦아서 실적을 쌓아도 좀처럼 일이 안정되지 않는다는 점이었다. 반면에 기술이 그렇게 뛰어난 편은 아니어도 안정적으로 먹고사는 사람들도 있었다. 과연 그들과 나의 차이가 무엇인지 궁금하지 않을 수 없었다.

독립하고 3~4년은 주변에 아는 프리랜서도 없어 잘 몰랐지만, 시간이 지나며 여러 프리랜서를 관찰해 본 결과 안정적으로 수익을 내는 사람 대다수에게는 어떤 패턴이 있음을 발견했다. 클라이언트 유치나 돈을 버는 방법이라는 관점에서 보면, 프리랜서는 장인 유형, 상담자 유형, 성주 유형, 이렇게 세 유형으로 분류할 수 있다.

프리랜서는 이 3가지 유형에 따라 클라이언트를 찾는 방법이 달라진다. 이것을 알지 못하고 잘나가는 사람을 단편적으로 흉내 낸다면 결코 성공할 수 없다. 다른 업종과의 모임에 꾸준히 참가해서 명함만 쌓아 두는 사람, 몇 안 되는 클라이언트의 눈치를 보느라 생트집도 참고 열심히 일하지만 계속 낮은 보수를 받는 사람, 여러 사람과 상담은 하는데도 전혀 일로 연결되지 않는 어수룩한 사람이 되기만 한다. 이전의 나도 그들 중 하나였다.

스스로 비슷하다고 느낀다면 이제부터 소개하는 세 가지 유형을 읽고, '어느 유형을 강화해야 자신에게 일이 들어올지' 생각해 보기 바란다.

꾸준히 수익을 내는 사람에게는
공통되는 세 가지 유형이 있다.

11

유형 1 **장인 유형**

장인 유형은 뛰어난 실력이 강점이다

특정 분야에서 뛰어난 기술을 습득하고 그것을 무기로 삼아 일로 연결하는 사람을 나는 '장인 유형'이라고 이름 붙였다. 가령 실력이 뛰어난 일러스트레이터가 있다고 하자. 상품 포장에 그의 그림을 넣으면 무조건 잘 팔린다는 평판을 받고 있다. 이런 사람은 그야말로 기술로 먹고사는 장인 유형이다.

프리랜서의 실력이 일반적인 기준에서 평균 이하라면 성과를 내기 어렵다. 프리랜서라면 누구나 어느 정

도의 기술을 갖추고 있지만, 장인 유형은 진정한 의미에서 본인의 뛰어난 실력으로 수익을 내는 유형이다.

장인 유형은 뛰어난 실력을 바탕으로 일을 처리하기 때문에 "이 사람이 하는 일은 결과가 좋다"라고 입소문이 나기도 한다. 그렇게 좋은 평판이 널리 퍼져서 일이 꾸준히 들어오는 흐름이 만들어지면 필사적으로 영업할 필요 없이 일에 집중할 수 있다는 장점이 있다.

스스로 정보 퍼뜨리기

때로는 장인 유형이라도 일이 끊기거나 생각처럼 수익

을 내지 못해 프리랜서를 관두기도 한다. 그가 뛰어난 실력을 갖췄다는 사실을 클라이언트가 알아차리지 못했기 때문이다. 아무리 실력이 뛰어나도 마치 발굴되지 않은 보물처럼 묻혀 있다면 무척 안타까운 일이다.

실력은 일을 해 보기 전까지 겉으로 드러나지 않는다. 그러므로 스스로를 알리는 일도 매우 중요하다. 자기 자랑을 늘어놓는 것은 바람직하지 않지만, 평소 SNS나 인간관계에서 자신이 어떤 일을 하고 있는지, 어떤 실적이 있는지, 혹은 지금 어떤 일을 원하는지 다른 사람에게 정확하게 알릴 필요가 있다.

**장인 유형은 뛰어난 실력과 실적을
바탕으로 일을 얻는다.**

12

유형 2 상담사 유형

상담에서 일로 연결되는 유형

어느 분야에서든 "곤란할 때는 이 사람에게 물어라"라
는 평가를 받는 사람이 있다. 힘들 때 의지하고 싶은 선
배 같은 사람이다. 도움을 주기 위해 긍정적으로 상담
을 하다가 실제 일로 연결하는 능력을 가진 유형이다.
그렇게 상담을 해 주면서 고민을 정리하고 해결하는 데
능숙한 사람을 나는 '상담사 유형'이라고 부른다.

상담사 유형은 누구라도 도전하기 쉬우므로 3가지
유형 가운데 가장 추천하는 바다. 나 역시 의식적으로

장인 유형과 상담사 유형, 양쪽을 늘리려고 노력한다.

상담사 유형은 문자 그대로 상대의 상담을 들어주는 일부터 시작한다. 평소 자신의 지식이나 기술로 지원할 수 있는 일은 없는지 생각하면서 "뭔가 도와드릴 수 있는 일은 없나요?"라는 질문을 아끼지 않아야 한다.

상담사 유형은 경쟁자가 없다

상담사 유형은 단가가 쉽게 낮아지지 않는다는 장점이 있다. 장인 유형은 클라이언트가 '어떻게든 이 사람에게 의뢰하고 싶다'라고 생각하지 않는 한 다른 프리랜서와 경쟁해야 한다. 그렇게 경쟁이 시작되면 때에 따라서는 단가를 낮추어 제시해야 할 경우도 있다.

그런데 상담사 유형은 상담하면서 클라이언트와의 관계를 쌓아 나가므로 클라이언트가 다른 사람에게 견적을 받는 일이 없다. 게다가 상대의 고민을 자세히 들었기 때문에 누구보다도 최적의 제안을 할 수 있다.

먼저 자신의 전문 기술로 도움을 줄 수 있는 사소한 상담부터 시작해 보면 어떨까? 그리고 기술을 갈고닦아 장인 유형까지 덧붙이면 좋은 소문이 점점 퍼져서 많은 상담이 들어올 것이다.

비용이 발생하는지 명확히 하라

상담사 유형을 목표로 하는 사람들 중에서 "무료로 상담만 해 주고 전혀 돈이 되지 않는다"라고 고민하는 경우도 있다. 상담과 자신의 상품을 정확히 구분하지 못한 것이 원인이다.

예를 들어 일러스트레이터가 "시험 삼아 어떤 그림

을 그리는지 보여 줬으면 한다"는 말을 듣고 자신의 상품인 일러스트를 무료로 그려 줘 버리면 아무리 시간이 흘러도 돈 버는 일을 맡지 못한다.

그래서 나는 상담을 하다가 '여기부터는 돈을 받아야 한다'라고 판단되면 "여기부터는 프로젝트에 해당되므로 비용을 지불하지 않으면 어렵습니다"라고 계약의 타이밍을 클라이언트에게 알린다.

다만 클라이언트에 따라서 그런 사실을 전하기 어려울 수도 있으므로 무료로 일하는 일이 없도록 요금 설정까지 포함해서 상품과 서비스를 패키지로 만들어 두는 것도 한 방법이다. '작업 내용＋계약금'으로 묶어 상품과 서비스를 설정해 두는 것이다. 가령 작가라면 기사 하나에 원고지 20매, 취재 포함해서 30만 원이라는 식으로 패키지를 설정해 두면 클라이언트도 의뢰하기가 편하다.

이렇게 상품과 서비스를 패키지로 만들지 않으면 어느 타이밍부터 보수가 발생하는지 구분하기 어렵다. 따라서 '아직 상담의 범위 내겠지'라고 생각해서 일을 전부 무료로 해 주는 일도 발생한다.

　반면에 '무료로 일하고 싶지 않아'라는 생각으로 상담을 일절 받아들이지 않으면 일은 고사하고 인간관계를 넓힐 기회나 신뢰를 쌓을 기회마저 잃게 된다. 그런 경우는 참으로 안타깝다.

무작정 조르는 사람에게는 너무 많은 정보를 주지 않는다

상담사 유형은 유용한 정보를 빼내려는 목적으로 지나치게 조르는 사람을 주의해야 한다. 애덤 그랜트Adam Grant가 쓴 『기브 앤드 테이크Give and Take』에 따르면 세상에는 기버Giver(자신의 이익보다 다른 사람을 먼저 생각하는 사람), 테이커Taker(주는 것보다 더 많은 이익을 챙기려는 사람), 매처Matcher(받는 만큼 주는 사람)가 있다고 한다.

　상담을 받아서 조언을 주는 사람은 기버다. 그런데 기버를 제물로 삼는 테이커(=정보를 조르는 사람)에게 너무 많은 정보를 제공하면 무료로 일하는 꼴이 된다. 그러므로 상대의 의도를 간파하면서 상담에 응해야 한다. 상대가 테이커라고 판단되면 기버를 그만두고 매처로 태도를 바꾸는 것이 좋다.

다만 상대가 지나치게 정보를 조르는 것은 궁합의 문제일 수도 있다. 다른 사람에게는 테이커의 행동을 보이지 않다가 나에게만 그런 모습을 보일 수도 있다. 따라서 '이 사람은 누구에게나 이러는 사람이구나'라고 섣불리 판단하지 말아야 한다. 또한 자신도 상대에게 지나치게 요구하는 사람이 되지 않도록 '전문가로서 어떻게 하면 상대에게 도움을 줄 수 있을까?'를 생각해서 행동하자.

상담을 하다가 지치지 않으려면 인간관계를 일대일로 생각하지 말고 흥미와 관심이 같은 커뮤니티로 생각하면 좋다. 처음에 자신이 상담에 응할 범위를 정해 놓고, 자신이 가진 지식이나 관심 분야와 관련 없는 상담은 공손히 거절하는 것이 중요하다. 또한 무조건 일로 연결하려고 하지 말고, 다른 사람이 더 도움을 줄 수 있다고 생각하면 기꺼이 소개해 주자.

상대의 과제를 일로 연결 짓는 상담사 유형은
단가가 쉽게 낮아지지 않는다.

13

유형 3 성주 유형

성을 쌓으면 그곳에 팬이 모인다

특정 분야에서 인기를 얻으며 열성적인 팬을 모은 프리랜서를 성주 유형이라고 한다. 카리스마 블로거로 유명한 사람이나 특정 업계에 대한 분석력으로 유명한 평론가도 성주 유형에 가깝다.

또한 블로그가 아니라 다른 SNS에서 대량의 팬을 거느리고 활동하는 인플루언서도 있다. 페이스북에 어떤 게시물을 올릴 때마다 댓글이나 '좋아요'가 수없이 달리는 유형이다. 성주 유형의 특기는 팬을 집결시키는

성城, 즉 웹사이트나 SNS에 정보를 올리는 것이다. 다만 성주 유형은 자기를 드러내고 싶은 욕구, 재능, 캐릭터 구축뿐 아니라 노력과 끈기가 필요하므로 흉내 낸다고 해서 쉽게 따라 할 수 있는 것이 아니다.

성주 유형으로 팬을 모으는 사람에게는 천성적으로 카리스마가 있는 경우가 많다. 이것은 쉽게 따라 할 수 없으므로 성주 유형이 되고 싶다면 성격적 부분을 고려해서 목표를 세울 필요가 있다.

성을 유지하는 데에는 시간과 노력이 든다

성주 유형은 블로그를 비롯한 SNS나 책 등을 이용해 팬에게 계속해서 정보를 제공해야 한다. 그렇지 않으면 자신의 성을 계속 유지하거나 확장할 수 없다. 성에 팬이 많아지면 계속해서 사람이 모여드는 흐름이 생긴다. 그러면 발로 뛰어 영업하는 것보다 효과적으로 클라이언트를 모을 수 있다.

각각의 팬과 소통해서 가격 협상을 하는 것은 물리적

으로도 시간적으로도 어려운 일이므로 강연을 개최하거나 유료 온라인 커뮤니티 등의 상품을 만들어 정기적으로 팬에게 정보를 제공한다. 성주 유형은 그런 방식으로 수익 모델을 만든다.

무엇보다 성주 유형은 모여든 사람이 흩어지지 않도록 매일 성의 유지 보수에 시간과 노력을 들여야 한다. 개중에는 주목을 받기 위해 자신의 블로그에 논란의 여지가 있는 게시물을 올리기도 한다. 말하자면 악성 댓글로 가득한 상태를 목표로 하는 것이다.

또한 다른 사람의 부러움을 사기 위해서 평범한 직장인이 할 수 없는 라이프 스타일을 보여 주는 일에 주력하기도 한다. 전형적인 예를 들자면, 지방에서 유유자적 즐기는 생활이나 해외에서 자유롭게 활약하는 모습, 집에서 한 발짝도 나오지 않고도 투자로 수익을 올리는 생활 등을 소개한다.

그러므로 성주 유형은 자신의 라이프 스타일을 조금씩 내다 팔면서 돈을 번다고도 할 수 있다. 하지만 새로운 경쟁자가 끊임없이 등장하기 때문에 성주 유형의 프리랜서는 시대의 흐름에 뒤떨어지지 않도록 노력해야 한다.

'눈에 띄는 것 = 성공'은 아니다

성주 유형은 눈에 띄기 쉬우므로 프리랜서의 성공 모델처럼 보이지만, 반드시 눈에 띈다고 해서 일이 잘 풀리는 것은 아니다. 당연히 눈에 띄는 만큼 생각 없는 비판이나 메시지를 받는 일도 많으므로 어느 정도 각오가 필요하다. 성주 유형으로 성공하는 사람은 전체 프리랜서 중에서도 상당히 소수다. 성공한 사람 밑에는 도전에 실패한 사람들이 산처럼 쌓여 있는 것이 현실이다.

때로는 장인 유형도 기술과 실력이 향상되면 스스로 홍보를 하지 않아도 성주 유형처럼 저절로 일이 들어오는 경우가 있다. 정기적으로 잠재 고객이 모여서 강연을 하게 된 강사도 성주 유형에 속한다.

나는 온라인 마케팅 전문가(장인 유형)로서 실적을 꾸준히 쌓아나간 결과 스스로 홍보한 적이 없는데도 잡지

『선전회의宣傳會議』에서 강연 의뢰를 받았다. 그래서 작게나마 성주 유형에 다가갈 수 있었다. 또한 내 전문 분야 관련 책을 몇 권 출간한 덕분에 충성 독자가 일정 수 이상 생겨나기 시작했다. 변칙적이지만 이것도 성이라고 할 수 있다. 강연이나 책은 라이프 스타일을 팔지 않아도 전문가로서 신뢰도가 올라가기 때문에 추천한다.

부정적인 측면을 지적하기도 했지만, 클라이언트가 모여드는 성을 가지고 있다는 것은 그야말로 성주가 된 것이나 마찬가지다. 또한 수많은 팬을 거느리는 비즈니스는 성공하면 수익성이 높고 특정 클라이언트의 눈치를 볼 필요도 없다. 다만 성을 가져서 성공하려면 그만큼 참신한 아이디어와 끊임없이 고민하는 자세, 시대의 흐름과 잘 맞는 행운 등 다양한 요소가 필요하다. 솔직히 성주 유형은 성공률이 낮지만 보상은 크다는 점에서 프리랜서라기보다 기업가에 가깝다고 생각한다.

팬을 모아서 수익화하는 것이 성주 유형이다.

14

3가지 유형의 조합으로
전투력 높이기

3가지 유형을 조합해서 수익을 높인다

장인 유형, 상담사 유형, 성주 유형이라는 프리랜서의
세 유형 중에 어느 하나만 선택할 필요는 없다. 여러 유
형을 조합해서 프리랜서로서 돈을 버는 능력, 말하자면
전투력을 높여야 한다.

　예를 들어 장인 유형을 목표로 뛰어난 기술을 습득해
도 널리 알려지지 않으면 일은 들어오지 않는다. 의뢰가
없으면 일을 고를 수 없고 새로운 기술을 익힐 기회도
없어진다. 마찬가지로 상담사 유형이 아무리 수많은 사

람의 고민 상담을 해 줘도 그것을 돈으로 바꾸는 기술이 없으면 그저 인맥이 좋은 사람이나 남을 잘 보살펴 주는 사람으로 끝나고 만다. 성주 유형을 목표로 해서 엄청난 조회수를 올리는 블로그를 만들어도 수익사업으로 발전시키지 못하면 프리랜서로 살아남을 수 없다.

그럼 '프리랜서로서 얼마나 수익을 낼 수 있는가?'라는 전투력은 어떻게 알 수 있을까? 자신이 갖고 있는 3가지 유형을 조합해 보면 어느 정도 파악할 수 있다.

나의 전투력은 어느 정도인가?

성공적인 프리랜서의 세 가지 유형 중에서 먼저 자신이 '어느 유형에 얼마나 힘을 쏟고 싶은지'를 생각해 보자. 그리고 각 유형에 1~10점 사이로 점수를 매겨서 그 점수를 곱한다. 그 결과가 프리랜서로서 자신이 지닌 전투력이다. 전부 10점이라면 만점은 1,000점이 된다. 이 공식을 사용하면 프리랜서의 전투력을 대부분 분석할 수 있다.

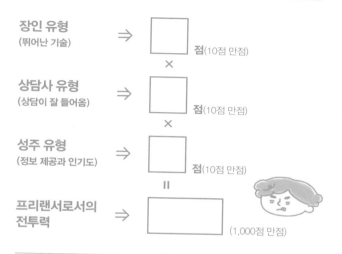

프리랜서로서 자신의 전투력은 몇 점인가?

장인 유형
(뛰어난 기술)
⇒ ☐ **점**(10점 만점)

×

상담사 유형
(상담이 잘 들어옴)
⇒ ☐ **점**(10점 만점)

×

성주 유형
(정보 제공과 인기도)
⇒ ☐ **점**(10점 만점)

＝

**프리랜서로서의
전투력**
⇒ ☐

(1,000점 만점)

　예를 들어 기술이 뛰어나서 장인 유형에 10점을 얻었더라도 상담을 해 주지 않으면 상담사 유형은 1점, SNS에서 아무 활동도 하지 않으면 성주 유형도 1점이 되어 10점×1점×1점＝전투력 10점이 된다. 그런데 만약 블로그에 팬이 있어서 성주 유형이 5점이 되면 10점×1점×5점＝전투력 50점으로 높아진다. 더 안정적으로 돈을 벌 수 있다는 뜻이다. 각자 자신의 점수를 계산해 보자.

참고로 연 수입 1억 원 이상을 꾸준히 벌어들이는 프리랜서 중에는 장인 유형과 상담사 유형의 점수가 높은 사람이 압도적으로 많다. 상담사 유형이 다른 사람을 도와주며 돈을 받기 위해서는 전문 기술을 갖고 있어야 한다. 따라서 장인 유형과의 조합이 절대적으로 필요한 것이다.

그렇다고 실력만 계속 갈고닦으면 절대로 프리랜서의 세계에서 살아남을 수가 없다. 안정적으로 꾸준히 수익을 내기 위해서는 '어느 유형을 조합해야 일이 더 들어올까?'를 깊이 생각해 봐야 한다. 자신에게 어떤 프리랜서의 유형이 필요한지 확인한 다음, 그 유형의 점수를 높일 수 있도록 능력을 향상시켜야 한다. 그러다 보면 프리랜서로서의 브랜드 가치도 함께 올라간다.

**자신에게 맞는 유형을 찾아 실력을 키우면
수익도 저절로 높아진다.**

15

가격 정하기

가격을 결정하는 가장 중요한 요소는 희소성

프리랜서가 제공하는 상품과 서비스의 가격은 뛰어난 실력이나 클라이언트의 판단으로만 정해지는 것은 아니다. 그 상품이나 서비스의 희소성에 따라서 좌우된다. 지금 노트가 필요해서 항상 즐겨 쓰던 제품을 사려 한다고 가정해 보자. 그런데 그 노트를 파는 문구점을 쉽게 찾을 수 없다. 때마침 한 편의점에서 원래 1천 원인 노트를 1천5백 원에 파는 것을 발견했다. 주변에 그 노트를 파는 다른 가게가 없으므로 고객은 1천5백 원을 지불하고서라도 노트를 구매할 것이다. 이렇듯 희소성이 높은 상황일수록 상품의 가격은 높아진다.

희소성의 효과를 프리랜서의 상황에 대입해 보자. 어느 게임 회사의 아트 디렉터가 계속 일을 해 오던 프리랜서 일러스트레이터에게 게임 캐릭터 디자인을 의뢰하고자 한다. 가격은 캐릭터 하나에 40만 원을 책정했다. 그런데 일러스트레이터가 다른 일이 밀려 있다며 의뢰를 거절했다.

아트디렉터는 다른 일러스트레이터에게 연락을 돌려 봤지만 마땅히 대신할 사람을 찾지 못했다. 그때 어느 일러스트레이터가 캐릭터 하나당 50만 원이라면 일하겠다는 의사를 밝혀 왔다.

아트디렉터는 '항상 40만 원에 의뢰했지만 부탁할 만한 사람을 찾을 수 없다면 50만 원이라도 의뢰하고 싶다'고 생각할 것이다. 게다가 '오늘 외주할 사람을 정하지 못하면 프로젝트 마감일을 맞출 수 없다'는 급박한 상황이라면 50만 원 이상을 주고서라도 의뢰할 가능성이 커진다.

다시 말해 희소가치가 올라갈수록 보수는 높아진다. 좀 과장해서 말하자면 프리랜서는 적정 가격으로 일을 맡아서는 안 된다. '적정 가격＝일반적'이므로 누구에게나 부탁해도 되는 일이기 때문이다.

가격은 가격 문화권에 따라서도 달라진다

상품이나 서비스의 가격은 제공하는 사람의 기술과 브랜드 가치뿐 아니라 그것을 받아들이는 사람의 생활과 문화에 따라서도 달라진다. 나는 그것을 '가격 문화권'이라고 부른다. 예를 들어 같은 강사가 같은 내용의 강의를 하더라도 지역에 따라서 1백만 원을 받기도 하고 3만 원을 받을 수도 있다.

어째서 같은 강의를 하는데 가격이 달라지는 것일까? 그것은 클라이언트가 속한 커뮤니티가 다르기 때문이다. 각각의 클라이언트가 속한 커뮤니티에는 '이 상품에는 이만큼의 돈을 지불하는 것이 당연하다'는 분위기가 형성되어 있다. '이 강사에게 1백만 원을 지불할 가치가 있다'라고 생각하는 사람들이 모여 있는 가격 문화권에서는 아무리 3만 원의 강연과 같은 내용이라도 1백만 원을 내고 그 강의를 수강한다.

만약 제공하는 상품을 바꾸지 않고 가격을 더욱 높이고 싶다면 가격 문화권을 이동하는 수밖에 없다. '싸게 발주하고 싶다', '싼 가격이 우선'이라는 분위기의 가격 문화권에 있는 클라이언트는 당연히 저렴한 일만 의뢰한다. 반대로 단가가 높은 가격 문화권에 가면 높은 가격의 일이 들어온다.

물론 단가가 높은 가격 문화권으로 이동하려면 실력과 기술을 더욱 갈고닦고 부가가치를 높여야 한다. 또한 그런 커뮤니티에 내가 도움이 될 수 있는 부분은 적극적으로 참여하는 것이 좋다.

개인의 능력은 '환경'과 '인간관계'에 따라 정해진다고 할 수 있다. 프리랜서는 활동하는 환경과 사람을 고를 수 있다는 점에서 커다란 혜택을 받는 셈이다.

가격대 정해 두기

특정 작업을 두고 "이런 일이라면 얼마 정도 할까요?"라고 클라이언트가 대략적인 견적을 물어 보는 경우가 종종 있다. 그럴 때 나는 정확한 가격을 말하기보다 "30만 원에서 60만 원 사이입니다"라고 가능한 가격대를 제시한다.

핵심은 상한가를 높게 책정하는 것이다. 클라이언트는 당연히 저렴한 가격을 선호하므로 상한가를 낮게 설정하면 가격을 협상하기 어렵다. 대개 상한가보다 싸게 의뢰하거나 아예 하한가를 제안하는 사람도 적지 않다. 만약 가격과 상관없이 꼭 하고 싶은 일이라면 최저 금액을 낮춰서 클라이언트와 협상을 용이하게 만들 수 있다.

참고로 한 해의 매출 목표에서 계산해 보고 이익이 된다고 판단한 금액에 30퍼센트(가능하면 50퍼센트)를 덧붙여서 가격을 책정하면 좋다. 경험상 프리랜서는 교통비 등을 제외한 영업 비용을 예측해서 거기에 30~50 퍼센트를 더한 가격을 설정하는 편이 좋다.

무엇보다 프리랜서는 회사 조직처럼 인해전술로 일

을 소화할 수 없으므로 저렴하고 빠르다는 점을 강점으로 내세우지 말고, 가격은 비싸더라도 세심함이나 유연한 대응을 강점으로 해야 한다.

상품이나 서비스의 가격을 정하는 구조를 만들자

16

영업을 하지 않아도 팔리는
흐름 만들기

일이 어떻게 들어오는지 흐름을 파악하라

프리랜서는 지금은 바빠도 다음 달에는 일이 하나도 없을 수 있다. 그래서 '어째서 지난 달에는 일이 많았는데 이번 달에는 하나도 없을까?'라는 불안감을 안고 사는 사람이 적지 않다.

이러한 불안감을 없애고 일이 꾸준히 들어오도록 하기 위해 우선은 일이 들어오는 흐름을 알아야 한다. 자신에게 일이 들어오는 패턴이 있는지 파악해 보는 것이다. 예를 들면 과거에 담당했던 거래처에서 받은 소개,

행사장에서 명함을 교환한 사람 등 주로 어떤 연결을 통해 일이 들어오는지 분석해 보자.

그리고 일이 들어오는 패턴의 장점과 단점을 생각하고 마지막으로 어떻게 일을 받고 싶은지 정리한다. 이러한 과정에서 일을 받기 위해 해야 할 일을 알 수 있으므로 막연함 때문에 솟아나는 불안을 줄일 수 있다.

영업이라는 말은 사용하지 않는다

기업은 영업사원이 상품과 서비스를 판매해서 일을 따오지만, 프리랜서는 혼자 일을 하므로 스스로 일을 끌어와야 한다. 다만 프리랜서는 자신이 제공하는 상품이나 서비스를 영업하려 해서는 안 된다.

나는 프리랜서로서 독립했을 때 쌓아둔 실적이 충분하지 않았기에 무조건 잠재 고객이 될 만한 사람에게 접근해서 영업을 했다. 그런데 영업의 노하우는 아무것도 알지 못했으므로 다양한 업종의 모임에 가서 나를 소개하며 수백 장의 명함을 건넸지만 아무도 연락하지 않았다. 지금까지 그런 실패를 거치면서 나는 영업에 시간을 들이기보다 영업을 하지 않고도 팔리는 흐름을 만드는 것이 더 중요하다는 것을 깨달았다.

예를 들어 수십 곳의 회사에 영업을 하면 몇 군데 정도는 일로 연결될지도 모른다. 그러나 팔리는 흐름이 생기면 영업을 밀어붙이지 않아도 일이 들어온다. 클라이언트와 서로 호감을 가진 사이라면 바로 업무 협의로 대화를 이어갈 수 있다.

팔리는 흐름을 만들려면 1부에서 설명했듯이 먼저 자기 전문 분야나 특기를 정의하는 것부터 시작하자. 나조차 내가 무슨 일을 할 수 있는지 알지 못하는데 클라이언트가 그것을 알아차리고 일을 맡겨줄 리 없다. 전문 분야나 특기를 모르면 뭐든지 떠맡는 심부름센터가 되고 만다.

영업하지 않고 팔리는 흐름을 만들어
일이 찾아오게 한다.

17

클라이언트가
일을 의뢰하는 3가지 이유

신용은 클라이언트를 안심시킨다

클라이언트가 어떤 프리랜서에게 일을 의뢰하고 싶은
마음이 생기는 데는 이유가 있다. 그 이유는 신용, 공감,
논리 3가지로 정리할 수 있다. 먼저 프리랜서에게 신용
이란 '이 사람에게 맡기면 안심이다'라는 마음을 갖게
해 주는 것이다. 주로 그 사람이 어떤 일을 해 왔는지 보
여 주는 실적이나 믿을 만한 사람의 소개와 같은 인맥
을 통해 생성된다.

　TV 홈쇼핑 프로그램을 보면 종종 "1년간 몇만 개 팔

렸다", "세계적인 권위가 있는 몽드셀렉션에서 상을 받았다"라는 문구와 함께 상품을 선전한다. 프리랜서에게도 그런 실적이 있다면 클라이언트는 '그렇다면 맡겨볼까?'라고 생각할 것이다. 그래서 뛰어난 실적이 있거나 프리랜서를 하기 전에 유명한 기업에 다닌 이력이 있으면 그것만으로 플러스 요인이 된다.

아무 실적 없이 '이제부터 프리랜서가 되고 싶다'라고 생각하는 사람이라도 혹시 연줄은 없는지 독립하기 전 업무 관계나 친구 관계의 네트워크를 재검토해 보자. 기존의 인간관계에서 확실히 신용을 쌓았다면 직접 일을 받거나 소개시켜 줄 가능성이 커진다.

경험보다 공감이 중요하다

그럼 실력을 보장해 줄 실적이나 연줄이 없는 사람은 어떻게 해야 할까? 프리랜서를 꿈꾸는 사람 중에는 '경험이 없는 분야에 도전하고 싶다!'라고 생각하는 이가 있을 것이다. 실적이나 연줄이 없는, 즉 신용이 쌓이지 않은 사람이라도 공감을 얻을 수 있다면 업무로 연결되기도 한다.

　가령 육아나 간호와 관련된 기업의 경우 "육아를 하면서 일을 하고 싶다" 혹은 "부모님을 간호하면서 일을 병행하고 싶다"라는 말로 공감을 얻을 수 있다. 그렇게 자신의 입장에 공감해 주는 회사나 사람을 만나면 일로 발전할 가능성이 있다.

　또 실적이 부족해도 어떤 주제에 진심으로 관심이 있다면 공감으로 이어질 수 있다. 예를 들어 "지방을 살리는 정책에 참여하고 싶다", "○○사회 문제에 흥미가 있다"라는 식으로 같은 주제에 흥미가 있는 사람끼리 대화하다 보면 분위기가 활기를 띤다. 그러면 그 주제에 대해 실적이 많지 않아도 '일을 맡겨 보고 싶다', '함께 해 보고 싶다'라고 생각할 수 있다. 나아가 단순히 마음이 맞는 사람, 흥미가 비슷한 사람 등도 공감을 통해 일로 연결되기 쉽다.

논리적으로 타당한 가격을 정한다

클라이언트가 일을 맡기고 싶게 만들려면 "상품이나 기술에 비해 가격이 타당한가?", "상품의 성능이 뛰어난가?"를 논리적으로 따져 봐야 한다. 논리란 자신의 상품이나 서비스에 대한 객관적인 가치다.

우리는 '이 상품이나 서비스는 이만큼의 금액을 지불할 가치가 있다'라고 느꼈을 때 상품이나 서비스를 구매한다. 가령 액정이 부서진 텔레비전을 정가로 사고 싶지는 않을 것이다. 상품이 정상적으로 기능하고 있을 때 정가를 지불한다.

프리랜서의 경우는 '경쟁자와 비교해 얼마나 뛰어난가?', '지급한 금액에 얼마나 많은 일을 하는가?', '구체적으로 어떤 고도의 기술을 지니고 있는가?', '합리적인 가격인가?' 등을 고려해야 한다. 그리고 클라이언트가 "어째서 이 가격인가?"라고 물을 때 논리적으로 대답할 수 있어야 한다. 물론 질문 받지 않으면 일부러 말할 필요는 없다. 가격 설정 논리를 갖추고 있으면 가격의 근거를 설명할 때도 쉽게 이해시킬 수 있다.

가격 결정은 먼저 '나는 무엇이 특기이고 어떤 실적이 있는가?'를 스스로 인식하는 것을 전제로 한다. 나는 '한 달에 2~3시간 컨설팅 1회＋전화나 메일로 수시 상담'이라는 내용의 일에 대해 한 달에 30만 엔이라는 가격을 책정했다. 작업량에 비해 꽤 비싼 편이다.

하지만 30만 엔은 내 전문 분야를 바탕으로 클라이언트의 사업 성공률을 고려해 논리적 판단을 내린 결과다. 마케팅 전문가를 채용한다면 상당한 수준의 급여를 지급해야 하고 사회 보험이나 각종 경비도 들어간다. 애써 정직원으로 고용해도 기대한 결과가 나오지 않는 일도 있다.

그런데 나에게 외주를 주면 외주비 이외의 비용은 들이지 않고도 필요한 지식을 손에 넣을 수 있다. 이렇게 여러 측면을 고려할 때 한 달에 30만 엔이라는 보수를 클라이언트도 이해할 수 있으리라 생각한 것이다.

다만 실제로는 논리만으로 일을 의뢰하지 않는다. 누구라도 이상한 사람이나 커뮤니케이션하기 어려운 사람하고는 일하고 싶어 하지 않기 때문이다. 논리를 내세우기 전에 신용과 공감 중 어느 하나를 얻지 못하면 선택지에조차 들어갈 수 없다.

이치를 따지기 좋아하는 사람의 이야기가 공감을 받지 못하는 것과 마찬가지다. 그런 사람은 연애에서도 직장에서도 그리 좋은 평가를 받지 못한다. 다른 사람과 제대로 소통하려면 이야기 내용 이전에 자신이 어떤 사람인지(신용), 자신의 호감도가 얼마나 되는지(공감)가 매우 중요하다.

눈치가 빠른 사람은 지금까지 한 이야기로 깨달았을 것이다. 꾸준히 일을 얻으려는 프리랜서에게 신용과 공감을 얻는 것이 얼마나 중요한지 말이다. 앞서 말한 장인, 상담사, 성주라는 각 유형의 특징을 살리면서 클라이언트와 신용과 공감으로 연결되는 관계를 구축하는 것이 중요하다.

일의 발주는 신용과 공감을 쌓아 올린 결과다.

18

안정적인
수입 구조 만들기

안정적으로 일을 받기 위한 보수 형태

안정적으로 수입을 얻으려면 가능한 매달 보수를 지급
받는 형태가 이상적이다. 나는 2007년에 프리랜서로
독립한 뒤 우울증에 걸린 2009년 무렵까지 '프로젝트
별 건당 발주(필요에 따라서 그때마다 발주되는 계약)'를 중
심으로 일을 했다. 프로젝트별 발주로 형성된 일은 계
약 기간이 정해져 있다. 가령 10월까지의 계약이면 정
해진 기한에 계약이 끝난다. 나는 단기로 끝나는 홈페
이지 제작이나 2~3개월 안에 끝나는 컨설팅처럼 기간

이 짧은 일이 대부분이었다.

　그런 단발성 업무는 일을 할 때마다 계약을 새로 해야 하기 때문에 그와 관련된 일 처리에도 시간을 빼앗긴다. 조건을 조정하거나 계약서를 발행하고 계약을 갱신하는 일에 수고를 들이다 보면 클라이언트가 원하는 대로 끌려가기 쉽다. 기업에서는 영업부, 총무부라는 부서별로 대응하는 일을 프리랜서는 전부 혼자 처리해야 한다. 따라서 단발성 일만 하게 되면 자질구레한 사무만으로도 상당히 힘들어진다.

　그래서 나는 2009년에 프로젝트별 건당 계약에서 월 단위 보수형으로 상품을 다시 구성했다. 그렇게 하면 계약과 관련된 일에 시간을 빼앗기지 않고 지속적으로 의뢰 받은 본업에 집중할 수 있다. 그만큼 업무의 질도 올라가고 업무에 집중하는 시간도 늘어나므로 실력도 빠르게 향상된다. 게다가 같은 양의 일을 해도 시간의 여유가 생겨 일과 생활의 균형을 맞출 수 있다.

　기본적으로 어떤 프리랜서든 노력하기에 따라 월 단위 보수형 상품이나 서비스를 설계할 수 있으리라 생각한다. 내가 프리랜서를 시작했을 무렵에는 온라인 마케팅 자체도 흔치 않았고 월별로 계약하는 것도 일반적이지 않았다. 그러나 상품 설계를 꾸준히 바꾼 덕분에 지금은 장기적으로 계약을 하는 거래처가 몇 군데나 있다.

작가나 일러스트레이터 등 직종에 따라서는 월 단위로 보수를 받거나 지속적으로 발주 받는 일이 어려울 수도 있다. 완전히 월정액으로 보수를 받지는 못하더라도 대략 비슷한 금액으로 번잡한 계약 작업 없이 지속적으로 발주가 이어지는 상태라면 나쁘지 않다. 가령 작가는 매월 일정 금액을 받고 온라인 매거진에 정해진 개수만큼 칼럼을 집필하는 일, 특정 기업의 웹사이트나 언론 보도자료의 문장을 다듬거나 조언하는 일 등을 시도해 볼 수 있다. 스스로 클라이언트에게 지속성 있는 일을 제안해 보자.

**매달 보수를 받거나 지속적으로
일을 받을 수 있는 방법을 끊임없이 궁리하자.**

19

홈페이지를 어떻게
활용할 것인가?

검색어에 자주 오르는 일은 그만큼 경쟁자가 많다

일이 들어오는 흐름을 만들기 위해 '홈페이지에서 클라이언트를 모아 보자'라고 생각하는 이도 있을 것이다. 그러나 나는 홈페이지에서 클라이언트를 구하는 것을 그다지 추천하지 않는다. 특히 이미 많은 사람이 홈페이지를 운영하고 있는 분야라면 경쟁력이 떨어진다. 나도 홈페이지를 운영하고 있어서 여러 기업에서 프로젝트 경합에 참여하라는 요청이 자주 들어오지만 모두 거절한다.

다만 경쟁 상대가 많지 않은 직종이라면 다른 사람이 인터넷에서 검색했을 때 자신의 홈페이지가 쉽게 눈에 띈다. 예를 들어 "자기계발서 집필에 자신이 있습니다!"라고 전문 분야를 특정한 홈페이지를 만들면 전문 작가를 찾는 사람의 눈에 띌 수 있다.

　　그러나 요즘은 프리랜서와 관련된 키워드를 검색하면 크라우드 소싱Crowd Sourcing 사이트가 검색 결과의 상위에 올라오기 때문에 개인 프리랜서의 홈페이지는 묻히기 쉽다. 또한 가격이나 내용 면에서도 크라우드 소싱과 비교된다. 게다가 홈페이지 제작은 시간이 걸리는 데에 비해 홈페이지를 통해 들어오는 문의는 많지 않은 편이다. 유명한 기업이라도 홈페이지를 통해 클라이언트를 찾기는 어려운 현실이기 때문에 개인적으로는 더욱 힘들 것이다.

홈페이지는 실적을 알리는 데 좋다

홈페이지는 클라이언트 모집이 아닌, 실적을 소개하는

데 유용하다. 명함을 교환한 사람이 홈페이지에 방문했을 때 자신의 실력을 더 자세히 알릴 수 있고 신뢰도를 높일 수도 있다.

다만 실적을 게재할 때는 반드시 해당 클라이언트에게 허가를 받도록 하자. 계약 내용에 비밀 엄수 의무가 있어서 정보를 외부로 드러낼 수 없는 경우도 있기 때문이다. 나는 계약할 때 "어떤 일을 도와드렸는지 외부에 알려도 괜찮을까요?", "페이스북에 올리면 귀사의 광고도 되니까 실적으로 소개해도 될까요?"라며 확인한다. 상대에게도 도움이 될 수 있다는 사실을 강조하면서 물어보면 상대도 쉽게 동의해 준다.

**홈페이지는 클라이언트 모집보다
실적을 게재하는 매체로 쓴다.**

20

온라인 활동은
페이스북과 블로그로
충분하다

트위터보다 페이스북을 이용하기

온라인 활동은 홈페이지를 만들지 않고 페이스북이나 블로그만으로도 충분하다. 예를 들어 작업 중인 일에 관한 게시물을 올리거나 관심 있는 뉴스를 공유하면 '관련 업계에 정통한 사람이구나'라는 인상을 줄 수 있다.

또한 전문 분야와 관련된 커뮤니티에서 알게 된 사람들과 SNS로 소통하는 것도 좋다. '이 주제를 잘 아는 것 같으니까 이번에 일을 부탁해 볼까?'라고 생각할지도 모른다.

페이스북, 트위터, 인스타그램, 블로그 등 다양한 SNS 매체가 있는데, 프리랜서에게는 특히 페이스북을 추천한다.

SNS 내용은 테마를 정해서 올린다

페이스북은 상대가 친구 신청을 승인해 주면 상대의 타임라인에 자신의 게시물이 자동적으로 표시된다. 너무 다양한 주제를 다루다 보면 보는 사람은 '이 사람은 도대체 뭐가 특기야?'라고 생각할 수 있다. 따라서 게시물의 주제는 두세 분야로 좁혀서 올리는 게 좋다.

나는 전문 분야인 온라인 마케팅이나 스타트업으로 범위를 좁혀서 게시물을 올리고 있다. 이렇게 페이스북을 이용하면 자연스럽게 내가 하는 일을 널리 알릴 수 있다. 무작위로 이메일을 보내면 받는 상대가 달가워하지 않지만 페이스북은 거부감 없이 받아들인다. 또한 성실한 SNS 활동은 신뢰도를 상승시킨다.

페이스북에 일의 실적을 많이 게시하는 사람은 성주

유형이 많다. 성주 유형은 페이스북에도 팬이 많아서 저절로 자기 홍보를 하는 셈이다.

이처럼 페이스북을 오랫동안 이용하면 페이스북 메신저로 상담이나 업무 의뢰가 드문드문 오기도 한다. 게다가 오래전에 알고 지내던 사람에게서도 종종 연락이 온다. 잘만 관리하면 가늘고 길게 관계가 이어지는 SNS의 장점을 현명하게 이용할 수 있다. 반면에 게시물을 전혀 올리지 않으면 거의 존재감이 사라져서 연락이 끊겨 버린다. 그러니 가끔이라도 꾸준히 게시물을 올려 보자.

긴 문장은 블로그에서 공유하라

아무래도 전달하고 싶은 내용이 많아서 글이 길어지는 경우가 있다. 그럴 때는 블로그와 페이스북을 병용하면 유리하다. 페이스북은 시간이 지나면 타임라인에서 게시물이 밀려 내려간다. 한편 블로그는 네이버나 구글 등의 검색 엔진에서 상위에 노출되도록 하는 SEO_{Search}

Engine Optimization(검색 엔진 최적화) 대책을 이용해 홍보 효과를 높일 수 있다.

특히 작가라면 블로그에 글을 올리는 것이 여러모로 유리하다. 그래서 일에 도움이 되는 내용이나 일상적 이야기를 쓰는 작가도 많이 있다. 요즘 일본의 크리에이터 사이에는 글과 사진 등의 콘텐츠를 발표할 수 있는 플랫폼 '노트Note'가 특히 인기를 끌고 있다. 노트에는 발표한 콘텐츠와 페이스북을 연동시키는 기능이 있으므로 노트에 올린 내용을 페이스북에서 공유할 수 있다. ('노트'는 한국어가 지원되지 않는다._옮긴이)

불평과 설교는 실패의 원인

페이스북과 블로그는 게시물 내용에 작성자의 성품이 쉽게 드러나므로 함부로 불평이나 설교를 늘어놓으면 위험하다. 이따금 '일이 안 풀리는 건 다 누구 때문이지!'라며 불평의 대상을 예측할 수 있는 게시물이 타임라인에 올라오기도 한다. 술자리에서나 떠들 법한 그런 내용은 읽는 사람의 눈살을 찌푸리게 한다. 실제로 어떤 프리랜서는 "트위터에 불평만 썼더니 정말로 일이 오지 않게 되었다"고 털어놓았다. 불평 가득한 게시물을 보면 '이 사람은 나에 대해서도 이런 식으로 말할지도……'라는 심리가 작용하기 때문이다.

자신이 우위가 되기 위해서 남을 깔아뭉개는 글을 쓰면 자신의 입장만 난처해진다. 물론 일상에서 일어나는 소소한 이야기를 SNS에 올리는 것은 친밀감을 높여 준다. 그러나 프리랜서에게 SNS는 지금까지 자신의 실적과 전문 분야를 전달하는 도구지, 스트레스를 발산하는 장소가 아니라는 사실을 기억하자.

**페이스북은 일로 연결되도록 하는 게 목적이므로
스스로 무덤을 파지 않게 유의하자.**

21

커뮤니티에
참가하기

커뮤니티는 좋아하는 분야, 전문 분야에서 찾는다

일이 들어오는 흐름을 만들기 위해서 가장 추천하는 방법은 자신이 좋아하는 분야나 전문 분야에 관련된 커뮤니티에 참가하는 것이다. 특히 아직 업무 실적이 없고 업계 인지도가 낮아서 신용이 부족한 사람은 반드시 참가하는 게 좋다.

커뮤니티를 찾을 때는 평소 자신이 도움을 줄 수 있는 분야, 그리고 지원해 주고 싶은 사람이나 장소에 초점을 맞춘다. 진심으로 흥미가 있는 커뮤니티의 사람들과 어울리면 자연스럽게 대화가 무르익고 인간관계도 구축하기 쉽다. 공감이 자연스럽게 커뮤니케이션으로 이어지는 것이다.

나는 전문 분야인 온라인 마케팅의 노하우를 살려서 혁신적인 스타트업 계열의 기업가를 지원하고 싶은 마음을 갖고 있다. 그래서 스타트업에 관련된 커뮤니티 이벤트에 자주 참가한다. 그곳에서 무상으로 조언을 해 주거나 간단한 강연을 하기도 한다.

이런 활동을 통해 커뮤니티에서 신뢰를 쌓아갈 수 있다. 상대에게 진심으로 응원하고 싶은 기분(공감)이 전해지면 끈끈한 인간관계를 맺게 된다. 무엇보다 실제로 나는 커뮤니티에서 많은 일을 수주하고 있다.

함께 팀이 되고 싶은 커뮤니티에 들어가라

커뮤니티를 찾을 때는 지나치게 '잠재 고객이 모여 있는 커뮤니티에 참가해야지'라는 목적을 쫓지 말자. 작가가 출판사의 편집자가 모이는 커뮤니티에 참가하면 일을 맡을 수 있다는 생각은 안이한 발상이다.

명확한 잠재 고객이 모여 있는 커뮤니티에는 마찬가지로 '일에 도움을 줄 사람과 알고 지내고 싶다!'라고 생각하는 많은 프리랜서가 찾아오기 때문이다. 그러면 커뮤니티 내에서 자신의 희소가치는 하락하고 일을 맡는다고 해도 보수가 낮은 일만 들어오기 쉽다. 많은 경쟁자 틈에서 살아남아야 하는 그야말로 레드오션이다. 또한 신용도 없이 자신의 이익만을 목적으로 움직이면 안타깝게도 상대해 주지 않는다. 어떻게든 일을 얻으려고 공감하는 척하는 걸 상대는 금방 알아차리기 때문이다.

잠재 고객이 많은 커뮤니티에 참가하는 것 자체가 무조건 나쁘다는 의미가 아니다. 그런 커뮤니티에 가서 '운이 좋으면 일이 생기겠지'라고 대놓고 노리는 태도에 문제가 있다. '나도 커뮤니티 멤버의 일원이 되어 즐기고 싶다'라고 생각되는 곳을 찾는 편이 더 좋은 결과를 가져온다. 그런 마음으로 참여한다면 일을 맡더라도 클라이언트와 작업자라는 갑을 관계가 아니라 같은 팀으로 마주할 수 있다.

이미 규모가 크고 유명한 커뮤니티뿐 아니라 막 성장하기 시작한 커뮤니티도 추천한다. 당면한 과제가 많아서 자신이 공헌할 수 있는 여지가 크기 때문이다.

커뮤니티에 참가한다고 해서 당장 내일부터 일이 들어오는 것은 아니다. 하지만 장기적으로 인간관계의 폭이 넓어지고 지속적으로 일과 관련된 상담이 들어온다. 게다가 자신을 지명해서 들어오는 일이 증가하므로 가격 단가가 떨어지는 일도 막을 수 있다.

이벤트나 술자리를 주최한다

이벤트에 참가해서 지인을 만들었다면 그 사람들을 초대해서 이벤트나 술자리를 주최해 보자. 주최자가 되면 관심이 있는 주제로 이벤트를 구성할 수 있고 경우에 따라서는 상담사 유형에 가까워진다.

이벤트를 주최하려면 우선 어떤 주제가 좋을지 정해야 한다. 이벤트의 주제는 자신의 업종으로 범위를 좁히기보다 흥미 있는 분야가 좋다. 흥미가 없으면 지속하기 힘들고 열의가 떨어진다. 당연히 참가자를 모으기도 어려워진다.

'이벤트 같은 건 어떻게 열어야 할 지 모르는데……' 라고 걱정하는 사람도 있겠지만, 강사 초청이나 행사장 준비 같이 생각보다 어렵지 않은 방식으로 시도해 볼 수 있다. 맨 처음에는 지인을 초대하는 정도로 작게 시작한다. 갑자기 큰 성과를 내려고 하지 말고 일단은 소규모로 이벤트를 개최해 보자. 이벤트는 날씨 탓이나 갑작스러운 상황으로 사람이 별로 모이지 않을 때도 있는데 상처 받지 말고 꾸준히 지속하는 것이 중요하다.

이벤트의 참가자를 서서히 늘려가려면 정기적으로 자신의 이벤트와 관련 있는 게스트를 부르는 것도 좋다. 그러면 매너리즘에 빠지지 않고 지속할 수 있다. 다른 사람이 주최하는 이벤트와 협업하는 것도 추천한다.

나는 독서 커뮤니티 '비즈니스·마케팅 연구회'를 운영하며 정기적인 독서 모임을 열고 있다. 독서 모임을 여는 것은 IT 계열 스타트업 이외에도 책에 관심이 많았기 때문이다. 그러다가 운 좋게 내가 주최한 독서 모임에 출판 편집자가 참여했고 인연이 닿아 몇 권의 책을 출간할 수 있었다. 사실 지금 이 책도 독서 모임에서 만난 편집자와 함께 기획한 것이다. 이벤트를 통해 지금까지 상상도 못했던 일과 종종 연결되기도 한다.

**도움이 되고 싶은 커뮤니티를 찾아야
진정한 일원이 될 수 있다.
그러면 일도 저절로 따라온다.**

22

상담이
일로 변하는 마법

상담에서 일로 연결하기 쉬운 경우

새로운 일(프로젝트 등)을 기획하는 사람이나 현재의 외주 거래처에 불만이 있는 사람은 상담을 통해 일을 받을 가능성이 크다. 새로운 일을 준비하는 사람은 프로젝트에 참여할 멤버를 프리랜서 중에서 찾을 수도 있다. 지금의 외주 거래처에 불만이 있다면 '외주를 다른 사람으로 바꿀 수 없을까?'라는 생각을 품고 있을 것이다.

반면에 현재 거래하는 곳에 아무 불만이 없는 사람에게 자신이 어떤 일을 할 수 있는지 강력하게 어필한다고 해도 좋은 결과로 이어지기 어렵다. "지금 거래처와 문제가 없어서 괜찮습니다"라는 답변이 돌아올 뿐이다. 사랑하는 연인이 있는 사람을 아무리 유혹해도 상대해 주지 않는 것과 마찬가지다.

먼저 상대에게 질문을 던진다

많은 프리랜서의 업무 방식은 '수탁형 업무'가 기본이다. 수탁형 업무는 상품이나 서비스를 판매하기보다 자신의 기술로 클라이언트의 고민이나 과제를 해결하는 것을 말한다. 그런데 일을 원한다고 해서 상대방에게 영업만 해서는 신용이 떨어질 뿐이다. 일을 맡으려면 상대의 고민을 해결할 가장 바람직한 방법을 함께 모색해 가는 것이 좋다.

말이 지나치게 많으면 영업하는 느낌이 들고, 아무 말도 하지 않으면 폭넓고 심도 있는 대화를 나눌 수가 없다. 상대방과 자신이 이야기하는 비율은 8:2 정도가 되어야 가장 이상적이다. "어떤 일을 해 왔나요?", "어떤 일에 흥미가 있나요?"라고 차근차근 질문해서 상대를 이해하도록 한다.

고민을 깊이 나눌 때는 나의 전문 지식으로 클라이언트의 고민을 해결할 수 있는지 찾아본다. 도움이 될 만한 방법을 생각하면서 이야기를 듣는 것이다. 여기에서 주의할 점은 서로 말이 통하지 않거나 별로 도와줄 수 있는 부분이 없다면 너무 자세히 캐묻지 말아야 한다는 것이다. 원활한 소통이 이루어지지 않는 상황에서 상대에게 시시콜콜 질문을 하면 분위기는 냉랭해진다. '역시 이 사람에게 일을 의뢰해서 다행이야'라는 마음을 가질 수 있도록 클라이언트의 고민을 함께 나누고 해결해 나가자.

클라이언트의 목표를 함께 공유한다

클라이언트와의 상담이 일로 이어지는 경우의 대화에는 일정한 패턴이 있다. 예를 들어 상대가 원하는 사람을 내가 정확히 파악했을 때다. 상대가 "온라인 마케팅에 정통한 사람을 찾고 있다"고 정확히 필요한 바를 알고 있다면 간단하다. 하지만 고민 자체가 막연해서 "사업을 성장시키고 싶지만 어떻게 해야 할지 모르겠다", "지금 막다른 길에 놓여서 정확한 조언이 필요하다"라는 문제의식만 갖고 있을 때는 상담을 통해 일을 맡게 되는 경향이 있다.

게다가 상대와 대화가 잘 통해서 금방 친밀해지면 "조금 더 상세하게 이야기를 들려 주세요"라며 고민을 깊이 있게 질문할 수 있다. 그리고 상담자가 어떤 목표를 세우고 있는지를 고려해서 이야기를 이끌어간다. 사업을 구체적으로 성장시키고 싶다는 목표에 공감했다면 그 목표를 이루기 위해 함께 걸어갈 수 있다.

그러나 "나는 일단 일이 필요하다", "온라인 마케팅의 지식이 있으니 일을 하고 싶다"라는 목적만으로 접근하면 사람의 마음을 얻지 못한다. 더구나 "저렴한 가격으로 해드리겠습니다!"라고 어필하면 비용 절감이 목표가 되어 버린다.

아직 대화가 잘 풀리지 않는 상태라면 클라이언트의

고민도 쉽게 공유할 수가 없다. 그럴 때는 클라이언트가 자신을 필요로 하는 타이밍이 올 때까지 느긋하게 기다리는 수밖에 없다. 클라이언트의 시점에서 목표를 이해할 때 비로소 그가 어떤 일에 곤란을 겪고 있는지 파악할 수 있다. 클라이언트가 무엇을 원하는 지를 제대로 알고 다가간다면 그가 원하는 프리랜서에 가까워질 수 있다.

제안은 어디까지나 조심스럽게

상대의 고민을 심도 있게 상담한 다음에는 부드럽게 발주를 제안한다. "물론 제게 맡겨 주시면 기쁘겠지만 업무가 아니더라도 도울 일이 있으면 알려 주세요"라는 식이다. 상담을 하면서 업무로 연결될 있도록 제안하는 몇 가지 패턴을 준비해 두자.

나는 클라이언트에게 반드시 도움이 될 것이라고 판단되면 적극적으로 제안하지만 기본적으로는 굉장히 조심한다. 어디까지나 고민의 해결을 돕는 입장이므로 영업이 아니다. 내가 그의 고민을 해결할 수 없다고 판단하면 도움이 될 만한 지인을 소개하는 일도 많다. 그때 특별히 소개료 같은 것은 받지 않는다. 신용을 쌓는 것으로 충분하다.

일단은 클라이언트와 친분을 쌓거나 자신을 알린 뒤나를 필요로 하는 타이밍을 기다리자. 프리랜서는 일을 찾으러 다니는 것도 중요하지만, 상대에게 선택 받는 사람이 되는 것도 중요하다.

소개한 사람에게는 사후 진행 상황을 알리고
감사의 말을 잊지 말 것

프리랜서에게 사람을 소개하거나 소개 받을 기회는 매우 소중하다. 성공한 프리랜서는 대부분 소개를 통해서 일을 한다고 해도 과언이 아니다. 그럴 때 조심해야 할 것이 소개를 받은 다음 대응하는 방법이다. 누군가의 호의로 사람이나 일을 소개 받았다면 절대 그 은혜를 잊지 않도록 하자. 더구나 소개를 받아 계약이 성사되었다면 반드시 사례를 표하고 그 후의 일이 어떻게 진행되고 있는지 연락을 해야 한다. 소개만 받고 아무 소식도 전하지 않는 것은 상당한 실례다.

소개한 사람이 보답을 원한다는 뜻이 아니다. 누구라도 본인이 소개해 준 일이 어떻게 되었는지 당연히 신경 쓰이기 마련이다. 소개 받고 기뻐하며 감사를 표한다면 '일이 있으면 또 소개하자'라는 기분이 든다. 반대로 아무 연락도 없으면 '내가 소개한 일이 아무 도움도 안 되었던 건가?'라고 실망할 수도 있다. 또 소개한 사람에게 가능한 범위 내에서 보답할 수 있는 것이 없는지 생각해 보자.

**상담을 일로 연결하는 데
가장 중요한 요소는 배려다.**

23

바로 일이 필요할 때

크라우드 소싱을 이용한다

지금까지 중장기적으로 꾸준히 일하는 방법을 찾는 데
초점을 맞추어 이야기를 했다. 그러나 프리랜서로 독립
한 직후에는 수입이 없으므로 바로 일을 해야 할 수도
있다. 혹은 갑자기 일이 대폭 줄어 곤란한 경우도 생긴
다. 그럴 때 단가나 조건은 차치하고 바로 일을 맡을 수
있는 방법과 그 장단점을 소개하고자 한다.

현재 자신이 클라이언트의 신용과 공감을 얻지 못한
상황이라도 크라우드 소싱 사이트를 이용하면 일을 받

을 가능성이 높다. 크라우드 소싱이란 수많은 사람이 모인 장소에 업무를 위탁하는 것으로 2005년에 등장한 새로운 작업 방식이다. (국내에도 온갖 장르를 망라한 종합형부터 특정 분야를 전문으로 하는 곳까지 다양한 크라우드 소싱 사이트가 있다. 대표적으로 크몽www.kmong.com과 오투잡 www.otwojob.com 같은 곳이다._옮긴이)

다만 일본 최대 크라우드 소싱 사이트 크라우드웍스 Crowdworks가 2016년 발표한 정보에 따르면 월 20만 엔 (약 2백만 원) 이상을 벌어들이는 사람은 사용자의 약 0.014퍼센트라고 한다. 따라서 크라우드 소싱으로 생계를 유지하기는 어렵다는 사실을 알 수 있다.

그러나 크라우드 소싱 사이트를 기술을 갈고닦는 장소로 이용하는 것은 나쁘지 않다. 프리랜서로 독립을 준비하고 있다면 크라우드 소싱을 통해서 회사의 간판 없이 일을 해 보는 경험을 쌓을 수 있다. 또한 크라우드 소싱 사이트에서 발주한 사람과 소통을 하다 보면(=신용이 생긴다) 직접 일을 맡길 가능성이 있다.

동종업계의 커뮤니티나 이벤트에 참가한다

장기적인 시점에서 일을 찾는 게 아니라 바로 일을 구하고 싶은 사람은 동종업계 커뮤니티나 이벤트에 참가하는 방법도 있다. 다른 프리랜서와 인맥을 넓힐 수 있다는 점에서 도움이 된다.

인터넷에서 동종업계 커뮤니티를 검색해서 들어가 보면 그들이 기획하는 이벤트를 찾을 수 있다. 또한 이벤트만이 아니라 동종업계 사람들과의 술자리에서 일로 연결되는 인맥이 생기기도 한다.

하지만 동종업계 커뮤니티에서 소개 받은 일은 기본적으로 경쟁 상대가 많아서 단가가 낮은 일이 많다. 어디까지나 '프리랜서로 살아가기 위해 인맥의 발판을 만들자'라고 생각하는 편이 좋다. 참고로 나는 동종업계의 지인이 거의 없다.

동종업계 커뮤니티에 참가하는 것은 동종업계의 성공한 프리랜서가 무슨 업무를 어떤 조건이나 방식으로 하는지 알아볼 기회이기도 하다. 반드시 소식통이다 싶은 사람이 있으므로 참고할 만한 정보를 얻을 수 있다.

게다가 행사나 회식의 주최자와 친분을 쌓으면 다른 프리랜서를 소개받거나 업무 정보를 얻을 수 있다. 또한 동종업계라도 나와 다른 계열의 사람과 아는 사이가 되면 생각지 못한 일로 연결되기도 한다. 다른 계열의 사람에게 내가 희소성 있는 존재라면 높은 보수의 일을 소개받을 수 있다. 계열이 달라도 서로 공감할 수 있는 무언가가 있으면 대화도 활기를 띨 것이다.

일본에는 동종업계 커뮤니티로 프리랜서 나우Freelance Now라는 협력 조직도 존재한다. 이곳은 무료로 회원 등록을 할 수 있는데 1천2백 명 이상의 프리랜서가 등록되어 있다(2018년 1월 시점). 이 조직에서는 프리랜서에 관련된 행사를 개최하며, 기업에서 받는 안건의 정보 등이 커뮤니티 내에서 소개되기도 한다. 엔지니어나 디자이너 같은 직종에 국한되지 않고 댄서나 마술사, 소믈리에 등의 특수한 전문가도 소속되어 있어서 여러 유형의 프리랜서를 접할 수 있다.

믿을 만한 에이전시에 등록한다

먹고 살기 위해서라는 의미에서 가장 현실적인 방법은 에이전시에 등록하는 것이다. 최근에는 상근이나 파견 사원 이외의 다양한 업무를 소개해 주는 프리랜서 대상의 에이전시가 늘어나고 있다.

에이전시를 이용하면 에이전시 회사에 일정한 비율로 수수료를 내야 하지만, 사는 데 곤란하지 않은 수준의 보수를 받을 수 있도록 도와준다. 당장의 생활비를 확보하고 싶다면 강력하게 추천한다. 내가 독립했던 10년 전에는 이와 같은 서비스가 거의 존재하지 않았으므로 점점 프리랜서에게 좋은 환경이 조성되어 가는 듯하다.

에이전시는 통번역, 일러스트, 강연, 디자인 등 업종에 따라 활발한 분야가 있고 그렇지 못한 분야도 있다. 에이전시를 이용하면 보수는 안정적일 수 있지만 노동시간이나 근무 장소가 정해지는 경우가 많다. 시간과 장소, 함께 일하는 사람을 조절할 수 있다는 프리랜서의 장점이 제한되는 점은 감안해야 한다.

반면에 프리랜서가 실력을 쌓아 장인 유형으로 성장하면 원하는 방향을 제시하거나 협상할 수 있다. 오히려 에이전시 서비스를 이용해 지금까지 이상으로 수익을 낼 수도 있다. 또한 에이전시를 통해 기업이 필요로 하는 기술이 무엇인지, 어떤 기술력을 향상시켜야 할지를 객관적으로 파악할 수 있다. 무엇보다 업무 내용과 수입 구조 등을 내가 원하는 대로 만들어 나가기 위해서는 스스로 브랜드 가치를 높여 가야 한다.

**바로 일을 원할 경우
에이전시를 이용하는 것도 한 방법이다.**

'내일까지' 해 달라더니

3

스트레스 없는
프리랜서 업무의 기술

24

스트레스의 주된 원인은
시간, 사람, 수입

막연한 불안은 앞이 보이지 않는 데서 생겨난다

나는 프리랜서로 독립하고 1년 반 동안 늘 시간에 쫓기고 나에게 맞지 않는 클라이언트와 일해야 했다. 수입의 불안이라는 스트레스가 한꺼번에 더해져 몸과 마음에 병이 생겼다. 구체적으로 말하자면, 우울증에 걸려서 오랫동안 병마와 싸우면서 몸과 마음을 회복하기 위해 애써야 했다. 몸이 안 좋은 와중에도 일을 손에서 놓을 수 없었으므로 계속 시행착오를 겪을 수밖에 없었다. 그러나 이런 경험이 있었기에 스트레스를 최소화하는 방법을 터득할 수 있었다.

그렇지만 가능한 이런 괴로운 경험은 하지 않는 편이 낫다. 그래서 이번에는 프리랜서가 스트레스 없이 안정적으로 일할 수 있는 행동과 사고방식에 대해 살펴보려 한다.

직장인과 달리 프리랜서는 조직의 보호를 받을 수 없다. 그래서 일이 순조롭게 들어와도 '언제까지 계속할 수 있을까?', '다음에도 일을 맡겨 줄까?'라고 막연한 불안에 사로잡히곤 한다.

불안은 그 정체가 보이지 않기에 생긴다. 그래서 막연한 불안을 떨쳐 내려면 자신의 상황을 실체화해 봐야 한다. 앞으로 일어날 수 있는 최악의 일을 글로 써 보는 것도 효과적이다. 다가올 미래를 알지 못해서 불안해지는 것이므로 무엇을 해야 할지 파악하면 불안한 마음도 가라앉는다.

또한 막연한 불안에 사로잡혀서 '이 일도 저 일도 빨리 처리해야 할 것 같아'라고 초조해질 때도 있다. 구체적인 수치나 규칙이 전혀 없는 상태에서 '좀 더 돈을 벌어야 해', '빨리 메일에 답장을 써야 해'라는 식으로 병적인 조급증이 엄습한다.

먼저 '그 일을 하지 않았을 때 일어나는 최악의 일은 무엇인가?'를 생각해 보자. 예를 들어 '당장 메일에 답장해야 하는데'라는 생각에 눈앞의 일에 집중하지 못하는 사람이 있다. 우선 답장을 미루면 일어날 수 있는 최악의 일을 생각해 보자. 아마 상대가 답장을 기다리다가 조금 화가 나서 전화를 할지도 모른다. 하지만 메일 답장을 하루 정도 미루더라도 일이 없어지지 않는다. 그렇게 생각하면 훨씬 마음이 편해진다.

매출이 불안하다면 만족할 만한 매출 목표를 정확한 숫자로 실체화해 보자. 목표에 도달할 수 있을지 없을지를 알면 괜스레 불안해지는 일은 없다. 가령 '매월 4백만 원의 매출 달성'이라는 목표를 정하면 "이번 달은 4백2십만 원이나 수익을 냈으니까 충분해!"라고 안심할 수 있다.

프리랜서를 계속하려면 이렇게 스스로 만들어 내는 막연한 불안에 제대로 대처하는 것이 중요하다.

고민거리가 무엇인가?

프리랜서의 고민은 대개 '다음 달에도 일이 있을까?'라고 불안해서 밤에 잠이 오지 않거나 '단가가 낮은 일만 들어오니까 수익이 너무 낮아'라는 것이다. 프리랜서의 고민이나 스트레스의 원인은 크게 시간, 클라이언트의 선택, 수입으로 나눌 수 있다.

자신의 고민은 이 3가지 중 어느 것에 해당하는지 생각해 보자. 사람마다 가치관이 다른 만큼 고민하는 부분도 다양하다. 따라서 먼저 내가 스트레스를 받는 원인을 찾아서 재검토해 봐야 한다.

프리랜서에게 스트레스를 주는 주요 원인(시간, 클라이언트의 선택, 수입)은 프리랜서의 3가지 자유(시간, 업무 재량, 수입)와 밀접한 관계가 있다. 따라서 애써 프리랜서가 되었는데 자유로움을 오히려 스트레스로 받아들이면 프리랜서의 장점을 제대로 만끽할 수 없다.

애초에 내가 프리랜서가 된 이유를 떠올려 보면 괜한 스트레스에 휩쓸리지 않을 수 있다. 예를 들어 정해진 업무 시간에서 해방되어 자유롭게 일하고 싶어서 프리랜서를 시작하지 않았는가? 그런데 이메일의 답장 속도를 최우선으로 한다면 업무 시간에 구속 받는 현실에서 벗어날 수 없다. 당신은 프리랜서로서 어떤 모습으로 활약하기를 꿈꿔왔는가?

**자신이 느끼는 불안을 실체화하고
정확한 원인을 찾아내는 일부터 시작하자.**

25

프리랜서이기에 가능한
시간 활용법

일하는 시간을 스스로 조절할 수 있다

프리랜서는 직장인처럼 아침부터 저녁까지 정해진 근무시간에 구속되지 않는다. 출퇴근 시간의 만원 전철을 타지 않아도 된다. 프리랜서가 되고 가장 좋은 게 무엇인지 물으면 출퇴근 시간에서 해방된 것이라고 말하는 사람이 놀랄 정도로 많다.

평일 붐비지 않는 시간에 가게나 병원에 갈 수 있어서 시간을 효과적으로 사용할 수 있다. 피곤하면 낮잠을 잘 수도 있고 자신의 스케줄에 맞게 시간을 조절하기 쉽다.

나는 직장인 시절 '빨리 퇴근 시간이 됐으면 좋겠다'
라며 지루한 하루를 보내곤 했다. 그런데 프리랜서가 된
다음에는 매일 '아직 하고 싶은 일이 많은데 시간이 부
족해!'라는 느낌이다. 더구나 최근 5년 동안에는 시간이
남는다고 느끼는 날이 하루도 없었다. 프리랜서는 마음
대로 시간을 조절할 수 있으므로 쉽게 일에 몰입해서 시
간이 눈 깜짝할 새에 지나가기 때문이다.

몰입은 매사에 집중하고 몰두하는 상태다. 직장인은
일을 하는 도중에 상사가 말을 걸어올 수도 있고 걸려오
는 전화도 대응해야 하므로 몰입하기 어렵다. 하지만 프
리랜서는 자기 마음대로 업무 환경을 구축하고 시간을
낼 수 있어 몰입 상태를 유지하기 쉽다.

그러나 프리랜서를 시작했을 무렵에는 쉼 없이 걸려
오는 클라이언트의 전화 때문에 업무에 지장 받는 경우
가 많았다. 지금은 휴대전화를 항상 진동으로 해 놓는
다. 작업 중에는 일부러 전화를 받지 않고 틈이 생길 때
확인하고 답변을 한다.

프리랜서는 평일만이 아니라 주말에도 일을 할 수 있다. 나는 주말에도 일정 시간을 내어 하고 싶은 일을 하는 데 사용한다. 주말에는 클라이언트에게 거의 연락이 오지 않으므로 업무를 방해 받을 걱정이 없다. 워커홀릭처럼 보일지 모르지만 대신 평일에 휴식 시간을 갖거나 아이와 놀아 준다. 또 아내가 볼일을 볼 때 함께 가기도 하면서 전체적인 시간의 균형을 맞추고 있다.

자유를 얻기 위한 자기 관리법

프리랜서가 시간을 마음대로 조절할 수 있다는 것은 바꿔 말하면 자기 관리를 잘 해야 한다는 뜻이다. 그래서 자기 관리를 잘하는 생산성 높은 프리랜서와 생활의 절제를 못하는 생산성 낮은 프리랜서로 극단적으로 나뉜다.

자유를 얻으려면 자기 관리가 필요하다. 독일의 저명한 철학자 칸트Immanuel Kant는 "의지의 자율이야말로 인간 본래의 자유다"라고 말한 바 있다. 자기 관리를 하지 않고 욕망에 따라 생활한다면 일시적인 감정에 지배당하는 동물과 같다.

시간관리에 편리한 IT 도구를 활용한다

자기 관리가 어려운 사람은 IT 도구를 활용하는 방법이 있다. 예를 들어 컴퓨터 작업 중에 '잠시 페이스북을 좀 들어가 볼까?'라는 마음으로 SNS에 접속했다가 업무를 전혀 진행하지 못한 경험이 있을 것이다. 나도 인터넷 서핑을 좋아해서 그 대책으로 시간 관리 애플리케이션 레스큐 타임 RescueTime 을 사용하고 있다.

레스큐 타임에는 컴퓨터의 모든 작업 이력을 생산적인 일과 비생산적인 일로 구별해서 그래프로 나타내 주는 기능이 있다. 예를 들어 생산적인 일에 엑셀 작업, 비생산적인 일에 SNS 열람을 설정하면 프로그램을 이용한 내역이 그래프로 알기 쉽게 표시된다. 이 기능을 이용해서 낭비하는 시간을 재검토할 수 있다.

또한 레스큐 타임에는 포커스 타임 Focustime 이라는 기능이 있어서 시간을 지정해서 모드를 ON으로 하면 SNS, 메일 등을 전부 차단할 수 있다. 일정한 시간 동안 하나의 일에 집중하고 싶을 때 이 기능을 사용하면 매우 편리하다.(RescueTime URL: www.rescuetime.com)

한밤중까지 일하다 '새벽 3시에 일이 끝났는데, 밤늦게 클라이언트에게 메일을 보내면 폐가 되겠지'라고 생각한 적은 없는가? 이메일 발송 시간을 원하는 시간에 예약할 수 있는 곳도 있지만, 내가 주로 사용하는 구글의 지메일Gmail에는 발송 예약 서비스가 없다. 그래서 나는 지메일에서 메일을 예약 발송하게 해 주는 확장프로그램 부메랑Boomerang을 설치했다. 이 기능을 사용하면 지정한 시간에 메일을 자동으로 발송할 수 있다.

한편 밤늦게까지 일하는 클라이언트에게는 부메랑을 이용해서 한밤중에 메일이 발송되도록 한다. 그리 좋은 가치관은 아닌 듯하지만, 그런 사람은 자신과 마찬가지로 밤늦게까지 일하는 사람을 좋게 평가하는 경향이 있다. 그래서 그런 성향에 맞추는 나만의 사소한 대응법이다. 또한 감정이 격해져서 부정적인 메일을 계속 주고받게 될 것 같다면 몇 시간 후에 메일이 발송되도록 예약을 하는 방법도 쓴다.(Boomerang URL : http://www.boomeranggmail.com/kr/)

마지막으로 메일을 주고받을 때 오해가 없도록 말해두자면, 답장을 빨리하면 확실히 클라이언트의 평가가 올라간다. 업무가 많지 않아 틈새 시간이 있다면 메일에 빠르게 답신을 보내서 클라이언트에게 좋은 인상을 주는 것도 좋다.

하지만 자신의 가치가 업무의 아웃풋이 아니라 메일의 답장 속도가 되어서는 안 될 것이다. 시간 맞춰 메일을 보내는 일에 안절부절 못한다면 무엇을 위해 프리랜서가 되었는지 다시 생각해 봐야 한다. 메일의 답장 속도와 관계없이 좋은 평가를 받을 수 있어야 한다.

사용하는 IT 도구를 능숙하게 다루면 더욱 편하게 자신의 일을 컨트롤할 수 있다. 업무에 쫓기지 않고 생산성 높은 프리랜서가 되면 일을 순조롭게 소화하면서 개인적인 시간도 확보할 수 있다.

유용한 IT 도구

지메일 Gmail	이메일	구글에서 제공하는 메일 서비스. 메일을 삭제할 필요가 없을 정도로 큰 저장 용량과 과거의 메일을 한꺼번에 찾아볼 수 있는 검색 기능이 장점이다. gmail.com이라는 주소가 싫은 사람은 독자적인 도메인으로 Gmail을 사용할 수 있는 G Suite의 이용을 추천한다.
구글 캘린더 Google Calendar	스케줄 관리	스마트폰과 PC 모두 지원하는 캘린더 도구. 알람 기능과 팀으로 스케줄을 공유하는 기능 등이 있어 유용하다.
구글 드라이브 Google Drive	도큐멘트 공유	구글의 저장 공간 서비스. 특히 추천하는 것이 구글 드라이브에서 사용하는 구글판 워드인 구글 도큐멘트와 구글판 엑셀인 구글 스프레드시트다. 여러 명이 동시에 파일을 편집하거나 열람하거나 주석을 쓸 수도 있어서 정보 공유에 절대적인 위력을 발휘한다
드롭박스 Dropbox	도큐멘트 공유, 백업	다른 사람과 파일을 공유할 수 있고, 무엇보다 컴퓨터에 지정해 놓은 폴더의 데이터를 항상 자동적으로 동기화해서 백업을 해 준다. 그래서 갑자기 컴퓨터가 고장나도 안심이다.
레스큐 타임 RescueTime	생산성 시각화 도구	컴퓨터상에서 어떤 작업에 시간을 썼는지(열람한 사이트, 애플리케이션) 전부 수치로 보여 준다. 생산성을 떨어뜨리는 사이트나 애플리케이션을 일시적으로 차단하는 기능도 있다.
애니두 Any.do	일정 관리 도구	가장 직감적으로 사용하기 쉬운 일정 관리 도구다. 알림 기능이나 할 일을 더욱 세부적으로 나누는 기능 등 필요한 기능이 갖추어져 있다. 조작감이 특히 뛰어나다.
에버노트 Evernote	정보 정리 도구	메모, 파일, 마음에 든 블로그의 기사 등 온갖 정보를 기록하고 정리할 수 있는 도구다. 문득 떠오른 아이디어나 블로그 기사 등을 전부 에버노트에 기록하고 있다.
어피어인 Appear.in	비디오 채팅 도구	사용자 등록 없이 사용할 수 있는 비디오 채팅 도구. 통화하고 싶은 사람에게 URL을 알려주고 상대가 접속하면 비디오 채팅이 시작된다. 스카이프처럼 사전에 ID를 가르쳐 줄 필요가 없어서 매우 편리하다. 최근에는 줌이라는 서비스도 사용하기 쉬워서 추천한다.
스카이프 Skype	인터넷 전화 도구	같은 비디오 채팅 도구인데, 나는 스카이프 전용 전화번호를 만들어서 회사 대표 전화로 이용하고 있다.

프리랜서의 성패는
자기 관리를 잘하느냐 못하느냐에 달려 있다.

26

일에 쫓기지 말고
일을 쫓아가기

영원히 끝나지 않는 To Do 리스트

하루에 많은 일을 처리하려면 "이것도 저것도 해야 하
는데!"라고 혼란스러워진다. 해야 할 일을 쭉 적어놓고
To Do 리스트를 처리하기만 해서는 일에 쫓기는 모양
새다. 우선순위를 정한다 해도 어차피 모두 해야 할 일
이기 때문이다.

　해야 할 일이 하루에 할 수 있는 분량을 넘어서면 아
무리 우선순위를 매겨도 시간이 모자란다. 게다가 당일
갑자기 들어온 일을 처리하다 보면 원래 계획한 일에

손을 대지 못하고 만다. 아침에 예상했던 것이 다 어긋나 버린다.

다양한 시간관리 기술에 대한 책 중에서 마크 포스터Mark Forster의 『굿바이 바쁨Do It Tomorrow and Other Secrets of Time Management』은 이런 고민을 해결하는 데 큰 도움을 주었다. To Do 리스트 이외에 '오늘 하고 싶은 일' 리스트를 만들라는 것이다.

책에서 소개하는 마냐나Manyana의 법칙에 따르면, 계획한 일에 갑자기 새로운 일이 끼어들면 일의 효율이 떨어진다. 그러므로 오늘 새롭게 발생한 업무는 내일 정리해서 해결한다. 이메일이나 전화도 기본적으로 다음 날에 답한다. 그리고 메일, 서류, 매일의 업무(뒷마무리, 매일 발생하는 일, 매일 해야 할 일, 반복이 필요한 일) 이외에 스스로 처리 가능한 일을 최우선으로 하는 것이 효율적이다.

우리 뇌는 새롭게 끼어든 정보를 순간적으로 중요하게 느낀다고 한다. 그래서 냉정하게 생각하면 별로 서두를 필요가 없음에도 빨리 처리하려고 조급해진다. 하지만 이미 최우선순위로 정해 놓은 일을 훨씬 능가하는 긴급하고도 중요한 일이 아니고서는 단호히 내일 할 일로 돌리는 것이 정답이다. 이렇게 하면 상상 이상으로 스트레스가 줄어들고 업무 속도가 빨라질 것이다.

하루에 '하고 싶은 일'과 '해야 할 일'을 하나씩 정하라

마냐나의 법칙은 최우선순위를 하나만 설정하는데 그러면 해야 할 일must만 계속 하게 된다. 해야 할 일에만 매달리다 보면 '내 인생은 정말 이대로 좋은 걸까?'라는 회의감에 빠질 수 있다.

스티븐 코비Stephen Covey의 저서 『성공하는 사람들의 7가지 습관 *The Seven Habits of Highly Effective People*』에도 '긴급도'와 '중요도'로 할 일을 나누어 관리하는 방법을 소개하고 있다. 일정 관리는 중요도를 우선으로 판단해야 한다.

하지만 대개 긴급한 일을 우선시하기 쉽다. 하고 싶은 일은 뒤로 미루고 급히 해야 할 일을 하자고 생각하게 된다. 그러다 보면 결국 중요한 일은 미뤄지고 To

Do 리스트는 해야 할 일만으로 채워진다.

해야 할 일을 전부 To Do 리스트로 작성해 놓고 리스트에 적힌 일을 처리하는 게 목적이 되어 버린다. 특히 완벽주의적인 성격이라면 To Do 리스트의 1번부터 순서대로 모두 소화하려고 노력할 것이다. 그런 식이라면 항상 일에 쫓기기만 하고 스트레스가 풀리지 않는다.

인생을 즐기고 싶다면 해야 할 일이 아니라 하고 싶은 일want이 중요하다. 그래서 나는 매일 하고 싶은 일과 해야 할 일을 각각 하나씩 정하기로 했다. 중요한 것은 하고 싶은 일도, 해야 할 일도 반드시 한 개로 좁히는 것이다. 아무리 많아도 그중 가장 중요한 것을 고른다.

매일 습관처럼 반복하면 내가 무엇을 원하고 어느 방향으로 가고 있는지, 자기 자신을 더 잘 이해할 수 있다. 제일 하고 싶은 일과 해야 할 일을 정하면 우선순위가 확실해진다. 그만큼 무작정 리스트 순서대로 일을 처리하거나 할 일에 쫓길 일도 없다.

또한 하고 싶은 일과 해야 할 일을 정할 때는 처리할 수 있는 분량으로 세세하게 나눈다. 가령 '기획서 작성'

이라는 할 일이 있다면 그 하위 단계에 '서점에 가기'나 '관련 데이터 조사하기' 등의 할 일이 발생한다. 최대한 세세하게 구분해 두면 일을 쉽게 착수할 수 있다.

프리랜서가 스트레스를 느끼는 가장 큰 원인은 무엇일까? 하고 싶지 않은 일을 하는 시간도 큰 부분을 차지한다. 직장인이라면 '회사에서 지시한 일이니까 어쩔 수 없다'며 이해할지도 모른다. 하지만 프리랜서에게는 일을 고를 수 있는 자유가 있다. 그런데도 하고 싶지 않은 일을 하고 있으면 프리랜서를 하는 의미가 없다.

게다가 하고 싶지 않은 일에 시간을 쏟으면 막상 하고 싶은 일을 할 시간이 줄어든다. 따라서 하고 싶은 일을 방치하지 않고 해야 할 일도 함께 진행해 가야 한다. 매일 '가장 하고 싶은 일'을 하나씩 해 나가는 것이 얼마나 즐거울 지는 충분히 상상할 수 있을 것이다.

**매일 가장 하고 싶은 일과
해야 할 일을 하나씩 정하자.**

27

마감일을
연기하고 싶을 때

얼마나 긴급한 일인지 확인한다

잔뜩 쌓인 일을 처리하느라 정신이 없는데 종종 "급하게 부탁합니다!"라고 끼어드는 의뢰를 받곤 한다. 그럴 때는 우선 마감일을 확인하는 것이 중요하다. 가령 "긴급하게 처리해 주시겠어요?"라고 의뢰한다면 "지금은 일이 쌓여 있어서 일정이 빠듯합니다. 마감일을 좀 더 늘릴 수 있을까요?"라고 확인하는 것도 좋은 방법이다.

클라이언트의 스케줄에 여유가 있다면 융통성 있게 마감일을 변경해 줄 수도 있다. "마감을 조금 늦출 테니 일을 꼭 부탁하고 싶습니다"라고 말이다.

작은 데드라인과 최종 데드라인을 설정한다

여러 가지 일을 동시에 진행하는 경우 스케줄을 확실하게 세워 놓아야 한다. 아니면 문제가 하나 발생했을 때 다른 스케줄에 줄줄이 영향을 미친다. 그래서 일을 수주할 때는 피치 못할 경우 스케줄을 다시 짤 수 있도록 약간의 여유를 두도록 한다.

스케줄을 짤 때는 작은 데드라인과 최종 데드라인, 두 가지를 설정하는 게 중요하다. 작은 데드라인이란 '빠르면 이 정도에는 일이 끝날 것이다'라고 예상하는 마감일을 말한다. 최종 데드라인은 '아무리 늦어도 이 날까지는 절대로 끝낸다'는 마감일이다.

클라이언트가 "언제까지 납품이 가능한가요?"라고 물었을 때 상대를 기쁘게 하고 싶어서 무심코 일정을 서둘러 말하는 사람이 있다. 하지만 일이 생각한 대로 진행되지 않으면 그런 행동이 오히려 역효과를 가져올 수 있다. 그러므로 최종 데드라인을 준비해 두어야 한다. "빠르면 화요일(작은 데드라인)까지, 늦어도 금요일(최종 데드라인)까지는 납품할 수 있습니다"라고 기한을 정하는 것이다.

이처럼 "빠르면 ○일까지, 늦어도 ○일까지 가능합니다"라고 두 가지 마감일을 제안하면 클라이언트도 그에 맞춰 일정을 쉽게 조절할 수 있다. 또한 작은 데드라인까지 납품할 수 없을 경우 먼저 그 사실을 클라이언트에게 알려 두면 좋은 인상을 줄 수 있다.

다만 작은 데드라인을 항상 클라이언트에게 말할 필요는 없다. 작은 데드라인은 버릇처럼 마감일을 빠르게 말했다가 낭패를 보지 않기 위한 장치일 뿐이다. 무엇보다도 최종 데드라인을 지키는 것이 중요하다. 마감에 늦는 것은 결코 해서는 안 되는 일이다.

만약 최종 데드라인을 지키지 못할 것 같다면 늦어지는 이유를 솔직하게 전달하는 게 좋다. 변명을 늘어놓으면 부정적인 이미지만 더할 뿐이다.

마감일을 정하기 전에
"언제까지라면 가능하다"라고
확인하는 것이 중요하다.

28

과도한 업무에서
벗어나기

휴일 없이 계속 일하는 사람은 업무 방식을 재검토해 본다

일을 효율적으로 소화하고 싶거나 보수를 올려 받고 싶다면 일을 처리하는 능력을 길러야 한다. 일의 처리 능력은 자신의 한계를 조금 넘는 일을 처리하면서 길러지는 것이다. 말하자면 근력 단련과 같다. 근육은 조금씩 운동 강도와 횟수를 증가시켜 한계치를 늘리면서 단련한다. 마찬가지로 업무 능력도 자신의 한계를 조금 넘을 정도의 업무량을 처리하며 향상된다.

능력의 한계란 정해진 시간 안에 처리하는 업무량이

라는 의미다. 가령 평상시 육아나 가사로 바쁜 사람은 한정된 시간을 아주 효율적으로 활용해야 한다. 그러나 "주말에도 쉬지 않고 일을 하는데 끝나지 않는다"는 사람은 자신의 업무 방식을 재검토해 보자.

업무의 처리 능력을 향상시키기 위해 일시적으로 업무량이 초과되는 것은 괜찮다. 하지만 이런 상태가 당연시되면 경우에 따라서는 정신적으로 이상이 생긴다. 예전에 나도 지나치게 바쁜 상태가 계속되다 보니 어느새 정신적으로 무너지고 말았다. 휴식 없이 일하는 상황이 굳어지면 점차 감각이 마비되고 나도 모르는 사이에 마음이 망가진다.

사람은 반사적으로 일어나는 일에 같은 반응을 반복하는 경향이 있다. 즉 바쁜 상태가 고착화되면 한없이 바쁜 상태를 반복하는 것이다. 따라서 바쁜 스케줄에 쫓기는 습관을 바꿔야 한다.

직장인이라면 "너무 바쁜 것 같은데 괜찮아?"라고 객관적으로 자신을 판단해 주는 상사나 동료가 있지만 프리랜서에게는 그런 존재가 없다. 그래서 지나치게 바뻔 상태로 스스로를 몰아넣지 않도록 정기적으로 자신을 점검하자. 먼저 자신의 한계를 알고 그 한계의 80퍼센트 정도만 채워지도록 스케줄을 짜 보자. 경험상 일이 바쁜 성수기는 한 달에 한두 번 정도가 이상적이다.

회의 횟수를 그래프로 표시한다

바쁜 상태도 긍정적일 때와 부정적일 때가 있다. 그래서 바쁜 정도를 그래프로 만들면 어느 쪽인지 파악하는 척도로 삼을 수 있다. 그래프를 보면서 업무 경향을 분석하지 않으면 아무리 시간이 흘러도 현재 상태가 바뀌지 않는다. 자신의 상태를 점검하는 것은 매우 중요한 일이다.

프리랜서 중에서도 나처럼 컨설팅 업계에 종사하는 사람은 사람을 만나는 횟수가 많아질수록 바빠진다. 그래서 상담 횟수, 회의 횟수, 만난 회사의 수, 실제로 상담이 성립된 수를 네 가지 축으로 해서 매월 그래프를 작성한다. 카메라맨이나 속기사 등 회의가 별로 필요하지 않은 직종도 있다. 그런 직종인 사람은 프로젝트 수, 납품 건수, 매출 등 자신의 업무에 맞는 축을 설정해서 그래프로 만들어 보자.

그러면 어떤 그래프 형태일 때 바쁜지, 업무를 처리하기 벅찰 때는 어느 정도의 회의를 소화했을 때인지 등을 알 수 있다. 한 군데 거래처와 많은 회의를 한다는 것은 자신의 협상력이 떨어졌다는 위험한 신호다. 게다가 회의에 계속 얼굴을 내민다는 것은 작업 시간은 줄고 돈은 되지 않는 일을 많이 하는 것으로 볼 수 있다.

그래프를 통해서 내 경우에는 '거래 회사의 수를 10곳 전후로 조정한 다음 회의하는 횟수를 최대한 줄이면 연수입 1천만 엔을 넘어도 시간의 여유가 생긴다'라는 것을 알았다. 중요한 것은 회의나 상담의 횟수가 아니라 거래처의 수와 매출이다.

이와 같은 방식으로 자신의 행동을 수치로 바꾸어 데이터화하면 업무 경향을 파악할 수 있다. 가령 매출에 큰 변화가 없는데 프로젝트 수나 납품 건수가 증가하고 있다면 위험한 상태다. 필요한 이익은 나오고 있지만 몸이 망가질 정도로 바쁘거나 박리다매 상태가 된다는 징조다.

이렇게 업무 상태를 그래프로 나타내면 현재의 문제를 개선하는 데 도움이 된다. 원인을 분석하면 미래를 바꿀 실마리를 발견할 수 있다.

**업무 상태를 수치화해서
경향과 대책을 알아보자.**

29

바쁘더라도 기본적으로
직원은 고용하지 않기

프리랜서는 위험을 최소화하는 방식이 알맞다

컨설팅처럼 상담을 많이 하는 유형의 프리랜서는 아웃소싱(업무의 일부를 다른 사람에게 위탁하는 일)의 양이 많아지면 '직원을 고용해야 할까?'라고 고민하기 시작한다. 그러나 '회사 조직을 만들어서 크게 키우고 싶다'라고 생각하는 것이 아니라면 기본적으로 직원은 고용하지 않는 편이 좋다.

대량으로 외주를 주거나 직원을 고용하면 현금 흐름 cash flow이 나빠져서 적자나 도산의 위험이 생기기 때문이다. 혼자 활동하면 자기 자신만 책임지면 된다. 직원을 고용한다는 것은 타인의 인생도 짊어지는 것이므로 아무래도 위험성이 커진다.

반면에 직원을 고용해서 사업을 확장하고 싶다면 프리랜서에서 기업가나 사업가로 바꿀 타이밍이다. 프리랜서와 기업가는 삶의 방식이 전혀 다르다. 자신이 어느 쪽으로 나아가고 싶은지 잘 생각해 볼 필요가 있다.

IT 기술을 이용하면 직원을 고용할 필요가 없다

나는 위험성을 최소화하기 위해 지출을 최대한 줄이려고 한다. 그래서 법인으로 등록했지만 세무사는 고용하지 않았다. 그 대신 회계 프로그램 freee(프리)로 회계 처리를 하고 있다. (이 프로그램은 한글을 지원하지 않는다._옮긴이)

회계 프로그램을 사용하면 회계 지식이 없는 사람이라도 편리하게 결산서를 작성할 수 있다. 또한 은행이나 신용카드의 온라인 명세서로 장부를 작성할 수 있어서 회계 처리에 방대한 시간을 사용할 필요가 없다.

이외에도 번거로운 회사의 사무 영역은 IT 기술로 처리할 수 있다. 테크놀로지를 활용할 줄 알아야 앞으로 프리랜서로서 더 편하고 유리하게 활동할 수 있다. IT 기술은 프리랜서의 효율과 수익성을 크게 향상시킨다. 나는 "사람을 고용하지 않는 대신 IT 기술에는 돈을 들여야 한다"는 신조를 갖고 있다.

**목표가 프리랜서인지 기업가인지에 따라
삶의 방식이 달라진다.**

30

클라이언트 선택의 기술

프리랜서는 클라이언트를 선택할 수 있다

사회생활을 하다 보면 '이 사람은 불편하지만 업무로 만난 사이니까 어울릴 수밖에 없다'는 상황이 있을 것이다. 일하면서 겪는 고민은 깊숙이 파고들어 보면 인간관계에 관련된 것이 대부분이다.

　다만 프리랜서와 직장인의 인간관계는 확실히 다르다. 직장인은 업무에서 만나는 인간관계를 고를 수 없지만 프리랜서는 함께 일할 클라이언트를 고를 수 있다.

악성 클라이언트 주의하기

일을 하다 보면 '이 사람은 무리한 요구를 하지만 받아들일 수밖에 없어' 또는 '앞으로 계약이 얼마 안 남았으니 참자'라는 상황이 있다. 이것은 클라이언트 선택의 문제다.

클라이언트를 고를 수 없던 시절, 나는 항상 쫓기듯 살았다. '이메일 답장이 늦으면 안 돼!'라는 압박과 시도 때도 없이 걸려오는 전화로 노이로제에 걸릴 정도였다. 클라이언트의 페이스에 완전히 말려든 상태였다. 게다가 보수도 적어서 최악의 상황에 놓여 있었다. 결국 나는 클라이언트의 요구에 맞추기만 해서는 괴로운 상황에서 벗어날 수 없음을 깨달았다. 클라이언트로 인한 스트레스에서 벗어나려면 어떻게 해야 할까?

우선 일을 선택할 때 되도록 악성 클라이언트는 피하도록 주의해야 한다. 물론 클라이언트를 고를 정도로 일이 충분하지 않다면 선택의 여지가 없다. 나 역시 프리랜서를 시작했을 때는 거의 일이 없어서 내게 의뢰하는 클라이언트를 모두 받아들였다. 하지만 그러면 클라이언트에게 휘둘리며 일하는 경우가 발생한다. 따라서 무엇보다 앞에서 강조한 것처럼 클라이언트를 유치하는 데 최선을 다해야 한다.

일을 고를 수 있게 되면 자신에게 이로운 클라이언트와 좋지 않은 클라이언트를 파악해 선택할 수 있다.

업종과 회사의 평판을 확인한다

그럼 악성 클라이언트를 분간하는 방법은 무엇일까? 먼저 일을 의뢰하는 회사의 '업종'을 살펴본다. 예전에 나는 온라인 마케팅과 관련해 광고대행사의 하청 업무를 맡곤 했다. 하지만 광고대행사는 밤을 새워서 일하는 경우가 많은 노동 환경이기 때문에 프리랜서에게도 무리한 일정을 요구했다. 더구나 작업을 나중에 추가하거나 변경하는 일도 잦았다. 그런 경험으로 인해 나는 광고대행사를 중간에 둔 하청 업무는 가능한 받지 않는 편이다. 발주처의 업계 문화는 그대로 프리랜서에게 영향을 주므로 사전에 가능한 범위에서 조사해 두자.

또한 일을 받아들인 후에 불합리한 일을 당하지 않으려면 거래처의 평판을 파악해 둬야 한다. 거래처가 어떤 곳인지를 알려면 구직 사이트에 기재된 회사 소문을 확인하는 것도 좋다.

구직 사이트에는 실제로 그 회사와 일한 사람의 후기가 기재되곤 한다. 프리랜서가 아니라 회사에 근무했던 직원이 쓴 사내 이야기라고 해도 비슷한 상황이 벌어질 가능성이 있다. 프리랜서는 고용 계약이 없는 만큼 대우가 더 혹독할 수 있으니 주의해서 살펴본다.

가령 "매일 한밤중까지 야근을 해야 해서 모두 힘들어 한다"라는 평이 있다면 프리랜서도 그런 분위기에 휘말릴 가능성이 있다. "사장의 한마디에 업무 내용이 손바닥 뒤집듯이 바뀐다"고 한다면 프리랜서도 비슷한 일을 당할지 모른다. 사업 계획이 즉흥적으로 바뀌는 기업이라면 프리랜서 자신의 능력과 상관없이 해고당하는 일도 있다.

융통성 있는 클라이언트가 좋다

경험상 좋은 클라이언트는 융통성이 있어서 문제를 협의할 여지가 있는 사람이다. 예를 들어 스케줄에 과부하가 왔을 때 마감 일정을 조절할 수 있다면 업무가 한결 수월해진다. 게다가 업무를 하다 보면 예상하지 못한 일도 종종 일어난다. 다양한 문제 상황에서 클라이언트와 의견을 나눌 여지가 있는 것은 무척 중요하다.

또한 같은 회사의 사람이라도 담당자에 따라서 업무를 하기 편할 수도, 어려울 수도 있다. "이전 담당자와는 의사소통이 쉬웠는데 이번 담당자는 무슨 말을 하는지 모르겠어"라는 경우가 있다. 이것은 클라이언트 회사의 문화, 담당자의 성격이나 능력 등에도 좌우되지만 인간 대 인간의 상성에 따라서도 달라진다.

불합리하더라도 허용할 수 있는 일이 있다

관심 있는 일이나 좋아하는 사람과 일을 할 때는 즐겁게 할 수 있다. 그래서 다소 불합리한 일이 있어도 기꺼이 받아들이는 경우가 많다. 의뢰 받은 일에 관심이 있거나 클라이언트에게 호감이 있는지의 여부는 클라이언트를 선택하는 데 매우 중요한 요소다.

하지만 프리랜서 자신의 관심이나 거래 업체의 좋은 인품만을 중시해서 일을 고르는 것은 주의해야 한다. 나중에 불합리한 일을 당했을 때 '이 일을 맡지 말았어야 했어'라고 후회할지도 모른다. 예를 들어 '이 클라이언트는 좋은 사람이니까 가격이 상당히 낮지만 받아들이자'라고 일을 시작하면 업무 내용은 점점 어려워지는데 보수는 그대로 변하지 않을 수 있다.

맡은 일을 후회하지 않으려면 스스로 납득할 만한 일을 선택하는 자세도 중요하다. 이에 대해서는 33장 '수입 관리하기'에서 상세하게 소개할 것이다.

회의를 많이 하거나 돈이 없는 클라이언트는 요주의!

회의를 많이 하는 클라이언트와 돈이 없는 거래처는 특히 주의해야 한다. 가끔 "먼저 의논부터 해 보자"라며 회의만 하려는 경우가 있다. 그렇게 질질 끌기만 하는 클라이언트는 기본적으로 거래하지 않는 편이 낫다. 회의하는 시간이 길거나 회의하는 횟수가 몹시 많은 클라이언트가 한 명만 있어도 스케줄이 단숨에 과밀해진다. 특히 계약도 하기 전에 회의만 반복하는 클라이언트라면 점점 더 심해질 수 있다.

클라이언트에게서 회의할 내용은 말하지 않고 그저 '만나고 싶다'거나 '이야기를 듣고 싶다'는 이메일을 받았다면, "어떤 일로 회의하려고 하십니까?"라고 먼저 확인하는 게 좋다.

또 한 가지 주의할 것은 지불이 확실치 않은 클라이언트다. 굉장히 낮은 가격으로 일을 의뢰하려고 하면 서로를 위해서라도 "이 정도의 금액이 드는데 어떠신가요?"라고 가격을 우선 협의하도록 한다.

큰 스트레스 없이 좋은 성과를 내려면 함께 일하는 클라이언트 선정이 중요하다. 조금이라도 '이 클라이언트와는 분쟁이 있을 수 있다'는 생각이 들면 악성 클라이언트의 조건에 몇 가지나 해당하는지 살펴보자. 그리

고 만약 악성 클라이언트로 변할 가능성이 크다고 판단
한다면 공손한 표현으로 모나지 않게 거절한다.

**악성 클라이언트를 판단하는 조건은
업종, 평판, 기업 문화, 담당자와의 상성 등이다.**

31

기분 나쁘지 않게
재촉하기

상대가 불쾌하지 않게 의견 전달하는 법

프리랜서에게는 "이 날에 반드시 ○○을 해야 한다"라고 가르쳐 주는 상사나 비서 같은 존재가 없다. 따라서 청구서의 발송이나 입금 확인 등은 항상 스스로 챙겨야 한다. 먼저 청구서가 누락되지 않도록 IT 도구 등으로 스케줄을 관리해 타이밍을 놓치지 않고 클라이언트에게 확인한다.

하지만 클라이언트에 따라 청구서를 발행할 시기를 알려 주지 않거나 기한까지 입금해 주지 않는 경우도 있다. 그렇다고 해서 "빨리 입금해 주세요"라며 마구 재촉하면 클라이언트와 관계가 틀어질 수 있다. 어떻게 해야 기분 좋게 원하는 바를 얻을 수 있을까?

우선 청구서 보내는 타이밍을 확인하는 방법이다. 클라이언트의 형편을 생각하지 않고 마음대로 청구서를 발행하면 거래처가 곤란해진다. 그렇다고 청구서를 작성하지 않으면 시간이 흘러도 보수를 받지 못하는 일이 생긴다.

상대가 기분이 상하지 않게 무언가를 부탁하려면 재촉이 아니라 의문형을 사용하는 것이 좋다. "청구서를 보낼 타이밍을 알고 싶습니다만"이라고 말을 꺼내기보다 "언제쯤 청구서를 보내면 좋을까요?"라는 의문형으로 상황을 확인한다. 훨씬 부드럽게 클라이언트의 답변을 이끌어 낼 수 있다.

또한 청구서를 보냈지만 정해진 날짜에 입금되지 않는 경우가 있다. 혹시라도 경리 담당자가 실수로 송금 목록에서 빠뜨렸거나 은행 계좌의 정보를 착각해서 송금이 되지 않았을 가능성도 있다. 경리 업무도 사람이

하는 일이므로 실수할 수 있다.

따라서 입금 예정일에 돈이 들어오지 않을 때는 며칠 이내에 바로 연락해야 한다. 이것은 무조건 빠를수록 좋다. 그래야만 클라이언트가 신속히 경리 업무의 실수를 수정할 수 있다. 프리랜서 역시 빨리 상황을 확인하는 편이 스트레스를 덜 받고 여유롭게 대응할 수 있다.

이런 상황을 확인할 때도 의문형을 사용한다. "무언가 착오가 생겼는지 아직 계좌에서 입금이 되지 않았습니다. 수고스럽겠지만 확인해 주시겠어요?"라고 말하면 기분 나쁘지 않게 문의할 수 있다.

일이 잘 처리된 후에는 상대의 실수가 원인이었다 해도 반드시 감사를 표한다. 실수는 누구나 할 수 있다. 사람은 자신의 실수인데도 상대가 공손하게 대응해 주면 좋은 인상을 갖게 된다.

**부탁이나 재촉은
의문형으로 확인하는 것이 기본이다.**

32

불합리한 요구
거절하기

여러 가지 일을 의뢰하는 경우는 우선순위를 확인한다

지금 의뢰 받은 일을 하고 있는데 "이것도 부탁합니다!"라며 일을 연이어 건네는 클라이언트가 있다. 클라이언트는 즉흥적으로 일을 의뢰했을지 모르지만 실제 일을 하는 프리랜서에게는 큰 부담이 된다. '모든 일을 빨리 끝내야 할 텐데. 어떻게 하지?'라고 초조해진다.

여러 가지 일이 한꺼번에 들어와서 어느 것부터 대응해야 좋을지 모르겠다면 우선 구글의 스프레드시트나 엑셀을 이용해 업무 목록을 정리한다. 클라이언트와 그

내용을 공유한 다음 "새로운 업무를 우선해서 처리하면 먼저 의뢰 받은 일이 늦어질 텐데, 괜찮을까요?"라고 확인한다. 이렇게 업무의 우선순위를 확인하면 서로 불만 없이 일을 진행할 수 있다.

불합리하거나 화가 나는 이메일에는 바로 답하지 않는다

클라이언트의 사정으로 일의 마감을 한참 앞당겨서 작업하고 있는데, 또 다른 추가 작업을 요구하는 불합리한 메일을 받으면 화가 치밀어 오른다. 또한 형식적인 문체로 업무의 세세한 실수를 지적하면서 "굳이 말하지 않아도 알고 계시리라 생각하지만"이라며 비아냥거리는 표현을 하는 경우도 있다. 이렇게 메일은 직접 대화를 하는 것이 아니므로 문체에 따라서 더 기분을 상하게 만든다.

하지만 그런 메일에 바로 답장을 보내면 감정적으로 대응하기 쉽다. 답장을 보내기 전에 일단 작업 공간에서 벗어나 시간을 갖는 것이 좋다. 산책을 하거나 낮잠을 자며 마음을 정리한다. 가능하다면 하루 정도 시간을 두고 답장하면 쓸데없는 분쟁을 피할 수 있다.

냉정하게 메일을 되짚어 보면 객관적으로 상황을 파악할 수 있다. 혹시 문장의 일부분이나 어떤 특정 표현에 화가 난 것은 아닌지 살펴보자. 전체적인 문맥으로 보면 그렇게 불합리한 내용이 아닐 수도 있다. 말투가 안 좋을 뿐 상대에게 악의가 없을 수도 있다. 따라서 불합리하거나 화를 돋우는 이메일을 받았을 때는 반드시 시간을 두고 답장하는 것이 좋다.

일을 맡을 수 없을 때 거절 방법

하고 싶은 업무 의뢰가 와도 작업할 시간이 없어서 맡을 수 없을 때가 있다. 그런 상황에서 어떻게 거절할 것인지가 프리랜서로 살아남기 위해 무척 중요한 요소다. 거절 방법이 잘못되면 앞으로 의뢰가 오지 않거나 상대와의 관계가 악화될지도 모른다.

같은 내용이라도 명확한 거절의 표현을 쓰지 않고 상

대편에서 거절하는 형태로 만드는 방법이 있다. 예를 들어 "지금 일이 엄청 밀려 있어서 한 달 후에 납품이 될 것 같은데(실제로 가능한 마감 예정일을 전달한다), 그래도 괜찮으시겠어요?"라고 묻는다. 상대가 그때까지 기다릴 수 없는 상황이라면 "아쉽지만 다음에 의뢰할게요"라고 거절할 것이다.

거절한다는 점은 같아도 표현 하나로 상대가 받는 인상은 크게 달라진다. 프리랜서가 "일을 맡기가 어렵습니다"라고 거절하기보다 "한 달 후에 될 것 같습니다"라고 말하면 상대도 거절당했다고 크게 불쾌하게 느끼지 않는다. 앞으로 클라이언트와의 좋은 관계를 지속하고 싶다면 이런 방법을 사용해 보기 바란다.

꼭 거절하고 싶을 때는 시간을 제시하지 않는다

프리랜서로 일하다 보면 클라이언트가 모두 마음에 들 수 없다. '이 클라이언트는 무리한 요구만 해 대서 더 이상 일하고 싶지 않다' 혹은 '장래성도 수익성도 없으므로 이제 거래하고 싶지 않다'라는 경우가 생긴다. 장래성이 없는 일에 시간을 낭비하고 싶지 않을 때 나는 "지금은 바빠서 일을 받을 수 없습니다. 제안해 주셔서 감사합니다"라고 미리 정해 놓은 거절의 문장을 보낸다. 그러면 어떻게 거절할까 고민하느라 시간과 노력을 들이지 않아도 된다.

다시 말해 일을 거절할 때는 클라이언트와 앞으로 계속 거래하고 싶은지, 더 이상 함께 일하고 싶지 않은지에 따라 각기 달리 대응해야 한다.

표현 하나로 이미지가 크게 바뀐다.

33

수입 관리하기

매출을 시각화한다

"좋아하는 일이지만 보수가 낮아서 생활이 빠듯하다."

"수입의 상당 부분을 차지하던 일이 없어졌어."

프리랜서가 안정적이지 못한 수입 문제로 받는 스트레스는 매우 크다. 나도 독립하고 수년간 매출의 기복이 심해서 수입을 전혀 관리할 수 없었다.

하지만 갑자기 수입이 줄거나 일이 끊기는 시행착오를 바탕으로 나름의 매출 관리법을 찾아낼 수 있었다. 먼저 매출을 비슷한 속성끼리 분류한다. 그리고 각각 분류한 매출의 한쪽이 기울거나 너무 한쪽에 의존하지 않도록 균형 있게 클라이언트를 선택하는 것이다. 즉 매출을 시각화(=매출을 속성에 따라 나누는 일)하라는 뜻이다.

일반적으로 매출은 기본소득층(기반이 되는 수입), 수익층, 투자층이라는 3개의 층으로 나눌 수 있다. 기본소득층이란 보수가 높지 않아도 꾸준히 지속하는 일을 말한다. 내 경우는 장기적으로 고문 계약을 맺고 있는 기업이다. 업무량과 관계없이 매월 보수를 받기 때문에 생활비를 확보할 수 있다.

또한 매출 금액이 낮아도 지속성이 높거나 서로 잘 맞아서 스트레스가 적은 클라이언트도 기본소득층에 들어간다. 기본소득층에 들어가는 매출은 건강이 좋지 않거나 가정에 문제가 생겨도 지속할 수 있는지가 중요한 기준이다. 한번 일이 끊어지면 인간관계도 끊어지기 쉽고, 다시 일을 받기가 힘들기 때문이다.

따라서 한 달에 한 번 정도 회의를 하는 클라이언트나 원격으로 미팅이나 작업을 해도 문제없는 클라이언

수입 시각화하기

(예시) 월수입이 5백만 원이라면

1백만~ 2백만 원	**투자층** 매출은 별로 없어도 경험 삼아 하고 싶은 일
2백만~ 3백만 원	**수익층** 큰 매출이 기대되는 일
1백만~ 1백5십만 원	**기본소득층** 보수가 높지 않지만 지속적으로 할 수 있는 일

트 등 몸이 아플 때도 꾸준히 거래할 수 있는 일을 확보해 둔다. 그래야 최대한 수입에 영향을 줄일 수 있다. 나는 우울증으로 고생하던 시기에도 이런 클라이언트가 있어서 어떻게든 사업을 지속할 수 있었다. 처음 프리랜서를 시작할 때는 보수가 다소 낮아도 장기적으로 혹은 지속적으로 계약해 주는 클라이언트를 빨리 찾아야 안정적으로 사업을 운영할 수 있다.

수익층은 큰 매출이 기대되는 일을 말한다. 대기업

과 함께 진행하는 큰 프로젝트처럼 매출이 한꺼번에 올라가는 작업이다. 일이 많더라도 거기에 알맞은 보수를 받는다는 것이 전제 조건이다. 설령 단발성이더라도 큰 수익이 되는 일은 매출 증대에 도움이 된다.

투자층에는 매출이 크지 않아도 상관없는 일이 속한다. 예를 들면 자금이 아직 안정적이지 않은 IT 스타트업 회사와 작업하는 일이다. 자금이 충분치 않으므로 높은 보수를 기대할 수 없지만, 흥미가 있는 스타트업 기업과 관련된 일을 경험하고 실적을 쌓아가는 데 의미가 있다.

투자층은 말 그대로 좋아하는 분야의 기술을 갈고닦아 능력을 향상시키는 기회다. 물질적 보상은 적어도 자신의 포트폴리오에 다양한 업무의 실적을 추가할 수 있다. 나는 항상 20퍼센트 이상의 일을 투자층에 할당한다.

이렇게 매출을 시각화하면 자신이 어느 부분이 부족하고 무엇이 더 필요한지 알 수 있다. 그에 따라 매출 분야별 균형을 맞춰 가면 안정적인 수입을 확보하는 동시에 좋아하는 분야에 도전할 수 있다. 프리랜서로서 생활을 충실히 꾸려나가기 위해 꼭 필요한 요소다.

주요 클라이언트는 누구인가?

아무리 좋아하는 일이라고 해도 투자층 클라이언트만 상대하면 생활을 할 수가 없다. 그래서 3가지 매출 분야 각각에 사용해야 할 업무 시간을 균형 있게 분배한다. 예를 들어 한 달에 1천만 원의 수입을 목표로 한다면 기본소득층에 2백만~3백만 원, 수익층에 4백만~6백만 원, 그리고 나머지를 투자층으로 잡는다. 매출의 균형을 고려해서 클라이언트를 선택하는 것이다. 다만 클라이언트는 3가지 분야로 확실히 구분되지 않고 서로 겹치는 경우도 많다.

각 분야에 들어가는 클라이언트를 구분할 때 나는 화이트보드를 활용한다. 화이트보드에 각 분야를 표시하고 A사, B사 등 거래 업체의 이름을 쓴 포스트잇을 붙인다. 포스트잇을 한 달에 한두 번 교체하면서 수입의 균형이 맞는지 확인한다.

그리고 각각 분류한 클라이언트를 수익성(매출이 높은 업무인가), 장래성(자신의 매출이 앞으로 증가하는가), 투자·관심(자신의 기술과 지식에 투자)의 3가지 지표로 평가해 본다. 그 과정을 통해서 어떤 클라이언트와 계속 거래해야 하는지, 누가 중요한 클라이언트인지를 파악할 수 있다. 만약 한 달에 평균 2시간 일하고 1백만 원의 작업비를 받는다면 수익성은 '최고(◎로 표시)'다.

가령 C사가 수익성, 장래성, 투자·관심 모두가 '최고' 수준이라면 C사가 조금 무리한 요구를 해도 맞춰 줄 것이다. 한편 D사는 수익성, 장래성, 투자·관심이 다 '최저' 수준이라면 D사보다도 C사를 위해 시간을 사용하기 마련이다.

다만 단순히 '수익성＝보수'라고 생각하면 높은 보수만 따라가기 쉬우므로 주의해야 한다. 수익성은 노동시간 대비 매출을 의미한다. 업무 시간은 적은데 매출이 크다면 수익성 높은 일이다. 말하자면 수지가 맞는다. 아무리 보수가 좋아도 매일 눈코 뜰 새 없이 바쁘고 회

중요한 클라이언트 확인하기

	수익성	장래성	투자·관심	
C사	◎	◎	◎	⇒ 다소 무리한 요구를 해도 받아들인다.
D사	×	×	×	⇒ 우선순위가 낮아진다.
E사	◎	△	×	⇒ 수익성은 좋아도 지속적으로 일하기 어려울 수 있다.
F사	△	◎	◎	⇒ 앞으로 중요한 클라이언트가 될 가능성이 있다.

의가 많은 회사는 수익성을 '보통(△로 표시)'으로 분류한다.

또한 E사처럼 수익성이 좋아도(◎) 장래성이 보통(△), 투자·관심이 최저(×)라면 장기적인 클라이언트가 되기 어려울 가능성이 있다. F사는 수익성은 보통(△)이지만 장래성과 투자·관심이 높으므로 중요한 클라이언트로 성장할 수 있다.

물론 어느 클라이언트와 거래하고 싶은지는 프리랜서 각자의 사고방식에 따라서 달라진다. '생활이 빠듯하더라도 좋아하는 일을 하면서 살고 싶다'라고 수익성을 거의 신경 쓰지 않는 사람도 있다.

나는 수익성이 크지 않아도 투자·관심도가 높은 일은 받아들이려는 편이다. 거기서 배울 수 있는 점이 분명히 있다고 생각한다. 하지만 역시 보수를 완전히 무시할 수 없으므로 수익성이 너무 낮으면 한 발 뒤로 물러서게 된다.

다만 무슨 일이든 수익과 연관해서 생각하지는 않는다. 새로 창업한 사람이니 이제부터 창업하려고 구체적으로 준비하는 사람은 무상으로 상담을 해 주기도 한다. 내가 관심을 갖고 도움을 주고 싶은 분야이기 때문이다. 또한 부탁 받으면 간단한 강의도 맡는다. 수익보다 사회적 공헌을 생각하는 일은 자기 나름대로 기준을 갖고 선택하는 게 좋다.

클라이언트를 이렇게 세세하게 분석하면 인간미 없는 것처럼 보일지 모른다. 하지만 프리랜서가 아무리 클라이언트를 좋아하고 의리를 지킨다 해도 상대방의 형편에 따라 일이 끊길 수 있다. 클라이언트에 대한 신뢰와 존경은 필요하지만 정신적으로 의존하는 상태는 피해야 한다. 냉정하게 따져야 하는 점은 확인하면서 거래를 하자.

다시 말해 수입을 안정시키려면 무슨 일이든 맡기보다 클라이언트를 다각적으로 분석해서 균형 잡힌 수입 구조를 만들어 가야 한다.

클라이언트 관리 방법

프리랜서는 거래처를 하나의 클라이언트로 좁히면 위험하다. 1년 동안 1억 원의 매출이 있는 프리랜서가 있다. 그런데 매출이 전부 한 곳, A사와의 거래로 창출되었다고 하자. 그런 거액의 매출이 생기는 단골이 있으면 안심할 수도 있다. 그러나 A사에 100퍼센트의 시간을 투자하면 만에 하나 A사와의 관계가 어긋나거나 A사가 도산하면 단숨에 무너지게 된다. 실제로 나도 비숫한 경험을 한 적이 있다. 한 군데 클라이언트에 의존하다 보니 수익은 생활하기 충분해도 항상 불안을 떨칠 수 없었다.

따라서 하나의 클라이언트에게만 집중하지 않도록 수익 구조의 분배가 중요하다. 최저한의 생활비는 기본소득층의 업무에서 충당한다. 물론 어느 정도 생계를 책임질 수 있을 때까지는 하고 싶지 않은 일이라도 받아들여야 한다. 그러나 기본소득층의 업무량이 한계치에 가까워지면 하고 싶지 않은 업무의 분량을 조절해야 한다.

예를 들어 '이 일은 별로 좋아하지 않지만 보수가 높으니까 할 수밖에 없어'라고 참고 있는 일이 있다. 그런데 '이 일은 흥미가 전혀 없으니까 흥미가 높은 일로 교체하자'고 업무를 선택해 나가면 하기 싫은 일을 점점 줄일 수 있다.

프리랜서에게 수익성이 높은 회사와 계약이 끝나는 것은 그야말로 공포다. 그런데 시각화 과정을 통해 수익성이 좋아도 장래성과 투자·관심이 최저인 회사라는 것을 알게 되면 계약이 끝나도 큰 충격을 받지 않는다.
나는 그렇게 3가지 지표로 클라이언트를 분석함으로써
하기 싫은 일을 상당히 줄일 수 있었다.

수익성, 장래성, 투자·관심이라는 3가지 지표를 기
준으로 판단하면 어떤 일을 해야 할 지 한눈에 들어올
것이다.

**수입을 시각화하면
중요한 클라이언트를 구분할 수 있다.**

34

스마트한
가격 협상 기술

협상을 시작할 때 돈 이야기는 하지 않는다

가격을 협상할 때는 돈만 밝히는 사람처럼 보이지 않도록 한다. 예를 들어 회의 첫머리에 "그런데 계약금 말인데요"라고 돈 이야기부터 한다면 클라이언트는 '이 사람은 돈이 제일 중요한 건가?'라고 생각할 수 있다.

또한 협상 과정에서 견적서 내역을 까다롭게 작성해 몇 번이나 가격을 수정하면 클라이언트에게 당연히 좋은 인상을 주지 못한다. 또한 사전에 아무 말도 없다가 갑자기 "작업량이 늘어났으니까 보수를 1.5배로 해 주셨으면 좋겠습니다"라고 요구하는 사람과는 일하고 싶어 하지 않는다.

따라서 어느 정도 회의가 마무리되기 전까지 돈 이야기는 꺼내지 말자. 돈벌이보다도 클라이언트의 입장을 이해하고 프로젝트를 성공시키고자 노력하는 프리랜서에게 의뢰하고 싶은 마음이 생긴다.

낮은 가격으로 떠맡는 것은 실패의 근원이다

회의가 순조롭게 흘러가면 서로 함께 일하고 싶다는 마음이 무르익는다. 그때 비로소 희망하는 금액을 제시한다. 앞에서 말했듯이 희망 금액은 조금 높여서 설정하는 것이 좋다. 협상을 하다 보면 금액이 내려갈 수 있기 때문이다.

'처음에는 일단 싸게 받아들이고 나중에 점차 가격을 올리면 되겠지'라고 생각하는 프리랜서도 있을 수 있다. 특히 막 프리랜서를 시작한 무렵에는 업무 의뢰를 받고 싶다는 마음이 우선한다. 그래서 낮은 가격으로 일을 떠맡는 경향이 있다. 하지만 나중에 가격을 올리려는 전략은 성공하기 어렵다.

처음에 낮은 가격을 받아들이면 그것이 시세로 고정되어 버린다. 다음에 일을 의뢰할 때도 클라이언트는 낮은 가격을 당연하게 받아들인다. 처음에 제시한 숫자를 기준으로 판단하는 것을 가격의 앵커링 효과Anchoring Effect라고 한다. 그러다 가격을 인상하면 '왜 가격을 비싸게 올리지?'라고 불쾌함을 느낀다. 게다가 낮은 금액을 먼저 제시하면 "가격을 올려 주세요"라고 말하기 어려워진다. '우선은 싸게' 하지 말고 처음부터 서로에게 만족스러운 수준으로 계약을 하는 것이 중요하다.

그럼 어떻게 가격을 협상해야 할까? 실생활에서 참고하면 좋은 사례가 홈쇼핑이다. 홈쇼핑에서는 맨 처음 상품의 매력을 전달해서 클라이언트의 흥미를 고조시킨다. 이어서 "이렇게 장점이 많은 상품의 가격이 단 1백만 원입니다! 게다가 여기에 얼마 더 할인됩니다!"라고 클라이언트의 구매 욕구를 부채질한다.

이런 식으로 처음부터 가격을 약간 높여서 제시하면

클라이언트와 관계 형성에도 긍정적 영향을 미친다. 클라이언트가 "이런 저런 것도 더 해 주실 수 있으세요?"라며 요구를 해도 기꺼이 응할 수 있다.

또한 가격을 내리기보다 제공하는 가치나 서비스를 충실히 하는 게 더 중요하다는 사실을 기억해야 한다. 프리랜서는 적절한 보수를 받으니 더 열심히 일할 것이고, 클라이언트도 만족스러운 결과물을 받을 수 있기 때문이다.

특히 작업량이 증가했다고 나중에 가격을 올리기는 쉽지 않다. 실제로 클라이언트와 프리랜서가 작업량을 다르게 인식해서 예상보다 일이 늘어나는 경우가 있다. 하지만 그 상황에서 가격을 올리자고 말을 꺼내면 클라이언트 입장에서는 '돈만 밝히는 사람'이라는 이미지로 각인될 수 있다. 따라서 처음부터 가격을 적절하게 정하는 것이 좋다.

일을 맡아 진행하면서도 '아무리 생각해도 너무 저렴하다', '역시 이 금액이라면 생활이 불가능하다'라고 느낄 수도 있다. 하지만 앵커링 효과로 가격을 인식하는 기존의 클라이언트는 가격을 인상하는 데 거부감을 갖는다. '어째서 갑자기 가격을 올리는 거지?'라고 싫어하거나 결국 거래가 끊어질 가능성도 있다.

그러므로 가격을 인상하고 싶다면 새롭게 거래하는 클라이언트부터 시작해야 한다. 처음 계약을 하는 클라이언트는 인상한 가격을 기준으로 판단하게 된다. 가격 조정의 측면에서도 새로운 클라이언트를 계속 유치하는 것은 프리랜서에게 생명줄과 같다.

시세라는 기준을 활용한다

가격을 협상할 때 클라이언트와 프리랜서가 바라는 희망 금액이 전혀 다를 수 있다. 가령 프리랜서는 '3백만 원은 받아야 한다'고 생각하는데, 클라이언트는 "1백만 원에 발주해야 겠다"라고 한다면 커다란 괴리가 생긴다. 클라이언트가 제시한 가격이 너무 낮다고 생각해도 "그 가격으로는 어렵습니다!"라고 매몰차게 거절하는 것은 바람직하지 못하다. 상황도 안 좋아지고 클라이언트와 관계가 아예 끊어질 수도 있다.

그러므로 "다른 회사와는 이 정도의 금액으로 하고 있는데 어떠십니까?"라고 확인하는 것도 좋은 방법이다. 상대가 제안한 금액이 어떤지 품평하는 게 아니라 다른 클라이언트와의 거래 실적을 기준으로 제시하는 것이다. 이렇게 하면 클라이언트는 '이 사람은 돈만 밝힌다'라고 감정적으로 받아들이지 않는다. 오히려 '다른 회사와는 보통 이 정도의 가격으로 거래하는 사람이구나'라고 파악할 수 있어 좋다고 느낀다.

단순히 클라이언트가 시세를 몰랐을 수도 있다. 대부분 일반적인 시세에 기준한 가격이라는 것을 이해하면 순순히 가격을 재검토해 준다. 핵심은 프리랜서가 원하는 바를 전달하는 방식이다. 어떻게 제안하는가에 따라 클라이언트에게 전혀 다른 느낌을 줄 수 있고 반응도 달라진다.

가격 협상은 타이밍과 과정이 중요하다.

35

가격이 낮아도
해야 할 일

가격이 낮은 일은 3가지 기준으로 판단한다

관심은 있는데 보수가 낮은 일이 들어왔을 때는 어떻게
해야 좋을지 고민스럽다. '일을 맡아야 할까?'를 결정
하기 어렵다면 다음의 3가지 기준으로 판단한다.

- 기술이 향상되는가?
- 실적이 쌓이는가?
- 즐겁게 할 수 있는가?

이 중 어느 하나에 해당하는 일은 받아들인다. 나도 실제로 보수가 낮아도 거래 기업이 크게 성장하면서 내 실적으로 이어지는 경험을 한 적이 있다. 그래서 IT 스타트업 기업과 관련된 업무는 가능한 즐거운 마음으로 맡고자 한다. 전례가 없는 새로운 사업의 마케팅은 흥미진진하고 공략하는 재미가 있기 때문이다.

예전에 직원이 5명 정도인 IT 스타트업 기업에서 "저희 회사의 마케팅을 부탁할 수 있을까요?"라는 제안을 받았다. 그 회사의 사업 내용을 들어 보니 순수하게 '즐거울 것 같다'라는 생각이 들었다. 더구나 '성장 가능성이 엿보이니까 내 기술 향상과 실적을 쌓는 데도 도움이 될 거야'라고 판단했다. 나는 과감히 거의 무상으로 도움을 주었고, 현재 그 회사는 주식 시장에 상장하기 직전까지 성장했다.

한 회사가 성장하는 과정에 참여한 일 자체를 즐겼을 뿐인데 결과적으로 내 실력도 향상되었고 실적도 쌓을 수 있었다. 위의 3가지 기준을 바탕으로 일을 선택하면 당장의 보수는 적더라도 시간이 흐르면서 피와 살이 되는 것을 실감할 수 있다.

배움의 기회는 돈으로 환산할 수 없다

도전하고 싶은 일이나 나의 실력 향상에 도움이 될 일이라면 일단 해 보는 것이 좋다. 프리랜서는 시대의 흐름에 맞춰 늘 새로운 기술을 습득하지 않으면 살아남을 수 없다. 독학으로 공부할 수도 있지만 무엇보다 실제 업무를 하면서 경험을 쌓는 일보다 좋은 것은 없다.

세월이 지나면서 당신의 전문 분야에 대한 니즈가 없어질 수 있다. 카메라의 사례를 보면, 예전에는 아날로그가 주류였지만 현재는 디지털 카메라로 시장이 변화했다. 마찬가지로 '이런 분야가 지금 유행하니 니즈가 있을 것이다'라는 생각에 빠져 새로운 분야를 배울 기회를 놓치면 금세 시대에 뒤처지고 만다.

또한 데이터를 입력하거나 타이핑하는 속기사처럼 하나의 기술에 특화된 프리랜서는 다른 경쟁력 높은 사람이 나타나면 일을 빼앗길 수 있다(최근에는 인공지능 컴퓨터도 일자리를 위협하는 존재다). 따라서 새로운 기술을 배울 기회를 적극적으로 만들어야 한다. 그 과정에서 새로운 매출이 발생하기도 한다.

대기업을 고집할 필요는 없다

하고 싶은 일만 해서는 수입이 부족하다면 대기업의 일을 하면서 자신의 브랜드를 구축해 나가는 것이 좋다. 도움이 될 만한 실적과 신뢰를 쌓다 보면 하고 싶은 일에 더 가까이 다가갈 수 있다.

누구나 알 수 있는 대기업과 일을 하면 그 실적을 이용해서 다른 클라이언트에게 발주를 받을 수 있다. 가령 작가는 유명인을 인터뷰하거나 큰 출판사와 거래한 실적이 있으면 신뢰도가 높아진다.

하지만 이미 상당한 실적을 쌓았다면 대기업의 의뢰라고 해도 무리해서 맡을 필요는 없다. 그보다 자신이 하고 싶은 일을 하면서 돈을 버는 것이 가장 좋다. 대기업이 아니라도 수익이 안정적이고 당신의 기술을 높이

평가해 줄 클라이언트가 반드시 있다. 최근에는 나도 대기업이 아닌 거래처를 메인으로 하고 있는데 비즈니스를 하는 데 전혀 문제가 없다.

오히려 대기업은 담당자가 바뀌는 일이 잦다. 담당자가 교체되면서 함께 일하던 프리랜서도 업무에서 제외되는 상황이 발생한다. 아니면 다시 경합에 참가해야 하는 등 부정적인 면도 있다. 규모가 큰 클라이언트라고 해서 반드시 이롭지만은 않을 수 있다.

망설여질 때의 선택법

경험이나 실적을 쌓을 만한 일인지 쉽게 판단할 수 없는 경우도 있다. 판단이 망설여진다면 '도전하지 않으면 후회하지 않을까?'를 생각해 본다.

조건에 따라 일을 선택한다면 항상 예상 범위 내를 벗어나지 못한다. 그러면 크게 성장하거나 뜻밖의 발견serendipity을 마주칠 기회를 놓칠 수 있다. 무엇보다 그 일이 자신이 생각했던 것과 다를 때 '역시 하지 않는 게 좋았어'라고 후회하기 쉽다. 따라서 조건보다 '후회하지 않겠다'고 확신할 수 있는 일을 선택해야 앞으로 나아갈 수 있다.

가격만으로는 잴 수 없는 일도 있다.

36

프리랜서는
몸이 재산이다

프리랜서는 몸이 아파도 보장을 받을 수 없다

직장인은 병에 걸리거나 부상을 당해서 회사를 쉬어도 병가 수당을 받는 등 어느 정도 사회적 보장을 받을 수 있다. 갑작스러운 일이 생겨도 당분간은 큰 문제없이 생활할 수 있다. 하지만 프리랜서에게는 그런 보장이 전혀 없으므로 무엇보다 건강 관리가 중요하다.

2008년 12월 프리랜서로서 일하기 시작한 지 얼마 되지 않아 나는 우울증 판정을 받았다. 우울증은 마음의 병이라고 불리지만 사실은 두뇌 질환이다. 그래서 당시는 아무 의욕이 없었고 사고도 전부 부정적이었다. 머리가 돌아가지 않으니 신체 기능도 떨어졌다. 하루에 두 시간 정도밖에 일할 수 없는 상태였다. 지금 되돌아봐도 무척 괴로운 상황이었다.

생활 습관 목록 만들기

당시 하염없이 집에 있다 보니 부정적인 생각의 굴레를 벗어날 수 없었다. 그래서 매일 아침 같은 시간에 옷을 제대로 갖춰 입고 카페에 다닌다는 규칙을 만들었다. 사소한 일이라도 매일 해내면 성공 경험이 된다. 작은 성공을 켜켜이 쌓으면서 자신감을 찾았고 우울증도 서서히 좋아졌다.

당시의 경험을 살려서 '인생을 되찾는 습관 목록(생활 습관 목록)'을 만들었다. 특히 목록의 반 정도를 건강과 관련된 항목으로 채워서 건강관리에 활용하고 있다.

생활 습관 목록에 지나치게 많은 항목을 적으면 실천하기가 어렵다. 대략 5~10개가 이상적이다. 성공 경험을 쌓는 일이 중요하므로 실현 가능성이 높은 간단한 일이나 꼭 하고 싶은 일을 위주로 한다. 잘 못하는 항목으로 가득 채워 마음에 상처만 입지 않도록 한다.

내 생활 습관 목록에는 '밤 12시에는 잔다, 7시에 일어난다'와 같이 건강과 관련한 항목도 있고, '아내에게 고맙다고 말하기, 아이에게 그림책 읽어 주기'처럼 개인적인 생활에 충실하기 위한 항목도 들어 있다.

생활 습관 목록을 작성해 두면 생활이 흐트러지는 것을 바로 알 수 있다. 목록의 항목을 지키지 못하는 날이 늘어나면 재빨리 현실을 재정비할 수 있어 효과적이다. 몸이 좋지 않아서 목록을 지키지 못하는 날은 어쩔 수 없다. '내일부터 또 열심히 하자'라고 마음을 다잡는 것으로 충분하다.

프리랜서는 스스로 생활의 리듬을 만든다

직장인은 회사가 정한 시간에 따라 행동한다. '매일 9시에 출근한다'거나 '수요일은 야근 없는 날로 정해져 있으니 저녁 6시에 퇴근한다'라는 식이다. 반면 프리랜서는 시간을 스스로 관리해야 하므로 나에게 맞는 생활 리듬을 만들어 가는 수밖에 없다.

예를 들면 나는 매일 같은 생활 리듬을 유지하기 위해 아침마다 같은 메뉴를 먹고 근처 카페에 가서 일을 시작한다. 이렇게 하면 날씨가 나빠서 의욕이 나지 않는 날이나 아침에 컨디션이 좋지 않아도 평상시와 같은 리듬으로 행동할 수 있다.

건강관리에 있어서는 스트레스를 이겨내는 방법에 중점을 둔다. 나는 스트레스를 쌓아 두지 않으려고 자주 외출을 하는 편이다. 일이 많으면 '이동 시간을 비롯한 쓸데없는 시간을 줄이고 일에 몰두해야 한다'라고 생각하기 쉽다. 하지만 나는 바쁠 때일수록 산책을 하면서 기분전환을 한다. 계속 일만 하기보다 틈틈이 휴식을 취해야 머리가 상쾌해지고 일의 효율이 올라간다.

아무리 바빠도 밤을 새서 일하는 것은 좋지 않다. 수면시간이 부족하면 체력은 물론 정신적으로도 약해진다. 그러면 판단력이 둔해지고 업무의 능률이 떨어지므로 이로울 게 없다. 더구나 밤을 새서 일해야 한다는 것은 업무량이 자신의 수용력을 넘고 있을 지도 모른다는 의미다. 능력이 부족하다고 자책하기보다 업무량을 조절해 보기 바란다.

**프리랜서는 대신 해 줄 사람이 없으므로
몸과 마음이 건강해지는 습관을 만들자.**

무리하지 마세요!

4

경제적 불안을 없애기 위해
알아 두어야 할 것

37

사업 자금과 사적인 비용
구분하기

투자와 낭비를 구별하라

• 매월 은행 계좌를 확인하면 잔고가 얼마 남지 않았다.

• 생각한 것보다도 저축을 하지 못한다.

• 매월 어디에 돈을 쓰는지 기억나지 않는다.

자신이 이와 같은 상황에 해당된다면 돈 관리에 주의를 기울일 타이밍이다. 프리랜서는 직장인과 달리 매월 정해진 급여가 은행 계좌로 입금되지 않는다. 직장인은 일하는 데 필요한 비품이나 설비를 모두 회사가 부담하지만 프리랜서는 직접 충당해야 한다. 따라서 돈 관리를 제대로 하지 않으면 생각지 못한 함정에 빠지고 만다.

프리랜서가 자금을 유용하게 관리하기 위해서는 먼저 사업적으로 100퍼센트 투자 가치가 있는 비용과 그렇지 않은 돈을 엄밀하게 구분해야 한다. 비용을 지출할 때 '이것이 투자 가치가 있는가?'를 다시 한 번 생각해 보기만 해도 낭비를 크게 줄일 수 있다. 또한 확정 신고를 위한 회계 관리도 훨씬 편해진다.

'경비로 처리해야 하는 항목'과 '경비가 아닌 항목'을 목록으로 작성해 두면 투자와 낭비를 분명히 구분할 수 있다. 그렇다면 어떤 것을 경비로 처리해야 할까?

핵심은 '경비로 처리할 수 있는가?'의 문제가 아니다. '사업적으로 필요한 비용인가?'를 고려해야 한다. 가능하면 무조건 경비로 처리하는 것이 이익이라고 생각하는 사람도 많겠지만 사실 그렇지 않다. 무엇이든 경비로 처리하다 보면 오히려 돈을 낭비하게 된다.

예를 들어 외식을 하며 교제비 명목으로 경비 처리하

는 프리랜서가 있다. 값비싼 음식을 먹으면 업무에 도움이 될까? 접대를 좋아하는 거래처가 아닌 한 고급 레스토랑에서 5만 원짜리 식사를 하든 카페에서 4천 원짜리 커피 한 잔을 마시든 회의 내용은 변하지 않는다.

식비를 경비로 처리하면 낭비하기 쉽다. 내 주변에도 만날 때마다 수십만 원을 호가하는 식사를 대접하는 경영자가 있었다. 시간이 지날수록 사람들은 그가 값비싼 식비를 지불하는 것을 점점 당연하게 받아들였다. 방만한 경영으로 그는 결국 사업을 접을 수밖에 없었다.

또한 '좋아하는 대상'에는 낭비하기 쉬우므로 주의해야 한다. 예를 들어 애플 제품 마니아인 사람은 신제품이 나올 때마다 구매 욕구가 끓어오른다. 일에 필요해서가 아니라 개인적인 욕구를 만족시키기 위해 제품을 사는 것이다. 그러면서 비용을 경비로 처리하면 세금을 줄일 수 있으니 괜찮다고 스스로 위로한다. 투자라는 명목으로 낭비를 하는 것이다.

내가 아는 유명한 세무사는 이렇게 말했다. "걸핏하면 경비 처리를 해서 절세하려 하는 사장이나 개인사업자는 사업을 성장시킬 수 없다. 차라리 세금을 내는 게 낫다." 생각해 보면 당연한 말이다. 투자 가치가 없는 것에 펑펑 돈을 쓰면 회사는 성장할 수 없다.

반면, 사업에서 반드시 필요한 것은 경비로 처리해야만 비용을 절약할 수 있다. 특히 주거비나 통신비, 전화요금 등의 고정비는 경비로 구분한다. 물론 사업적으로 사용하는 것을 전제로 한다. 참고로 나는 법인사업자이므로 현재 살고 있는 아파트를 사택으로 해서 경비 처리하고 있다. 또한 업무에 도움이 되는 비즈니스 서적이나 기술 서적을 구입하는 비용은 경비로 구분한다.

자신이 어디에서 쉽게 낭비하는지를 살피며 경비로 처리할 항목을 정리해 보자. 지출한 비용을 경비로 처리하는 것이 프리랜서나 자영업자의 특권인데 이상하다고 생각할지 모른다. 경비 처리의 함정에 대해서는 다음 장에서 좀 더 상세히 다루고자 한다.

비용은 사업 투자용과 그렇지 않은 항목으로 나눈다.

38

절세가 항상
좋은 것은 아니다

어째서 세금을 내면 손해 보는 기분이 드는가?

직장을 다니다가 처음 프리랜서를 시작하면 세금과 사회보장 보험료 청구서를 받고 깜짝 놀라게 된다. '세금을 이렇게 많이 내나?'라든가 '애써 번 돈을 나라에 뺏긴다'라고 생각하는 사람도 적지 않다.

세금은 직장을 다닐 때도 냈는데, 어째서 프리랜서가 되면 더 억울한 느낌이 들까? 직장인은 급여에서 세금을 미리 공제하지만 프리랜서는 수중에 들어온 돈에서 세금을 내야 하기 때문이다.

여기서 절세 전략의 하나로 경비 처리 방법이 등장한다. 지출 비용을 경비로 처리하면 그만큼 소득이 줄어들기 때문에 세금을 낮출 수 있다. 논리적으로는 거의 모든 비용을 경비 처리해도 아무 문제가 없지만 오히려 독이 되는 경우가 생긴다. 예를 들어 개인적인 돈이라면 쓰지 않았을 일에 지갑이 쉽게 열린다. 경비 처리를 하면 된다고 생각하는 것이다. 경비도 결국 본인의 돈인데 말이다.

본능적으로 사람은 '이익을 얻기보다 손해를 보고 싶지 않다'는 손실 회피의 심리를 갖고 있다. 케이크를 굉장히 좋아하는 사람이 빵집에서 케이크 한 판을 사왔다고 생각해 보자. 혼자 전부 먹으려고 했는데 "다른 사람들에게도 나눠줘!"라는 말을 들었을 때의 기분과 비슷하다.

급여에서 세금을 미리 공제하는 직장인은 케이크를 통째로 받는 것이 아니라 자기 분량만큼 자른 케이크를 받은 상태다. 그런데 프리랜서는 손 안의 돈에서 세금을 내야 하므로 눈앞에 놓인 케이크를 포크로 찍으려는 순간 옆에서 한 조각을 빼앗아 가는 상황이다. 나도 매번 세금을 내고 은행의 잔고가 확 줄어들면 어쩐지 기운이 빠지곤 한다.

경비는 100퍼센트 절세가 아니다

소득이 증가하면 그만큼 납입할 세금도 많아진다. 그래서 '국가에 내는 세금을 줄이고 싶으니까 비용은 가능한 경비로 처리해서 소득을 낮추자'라는 생각이 들기도 한다. 이런 사람에게는 우선 확인해야 할 사실이 있다. '경비로 처리하면 100퍼센트 절세가 되니까 이득이다'라고 믿고 있지 않은가? 그렇다면 잘못된 생각이다.

경우에 따라 다르지만 경비로 처리하면 비용의 40퍼센트를 절세할 수 있다고 해 보자. 컴퓨터를 2백만 원에 경비로 구입하면 40퍼센트 할인해서 1백2십만 원으로 살 수 있다. 그런데 절세가 된다고 해서 뭐든지 사들이면 그것은 낭비다. 예를 들어 슈퍼에서 할인하는 상품을 보면 꼭 필요하지 않은데도 어쩐지 사는 게 이익일 것 같은 착각에 빠진다. 그러나 아무리 할인을 받는다 해도 지갑 속의 돈은 분명히 줄어든다.

"○퍼센트 할인되어 싸니까"라고 계속 쇼핑을 하면 점차 돈이 없어지듯이 "경비로 처리하면 세금이 적어 지니까"라며 뭐든지 사 버리면 돈이 남지 않는다.

저렴한 물건을 자주 구매해서 항상 지갑 속에 돈이 없는 사람과 세일에 관계없이 필요한 제품만 확실히 구매하는 사람 중 어느 쪽이 안정적으로 가계를 꾸릴 수 있을까? 프리랜서도 뭐든지 경비로 처리하려고 하면 할수록 계좌의 돈이 줄어든다.

사업적으로 사용하지 않은 비용을 경비로 처리하면 탈세

'힘들게 번 돈을 빼앗기고 싶지 않다'라는 생각에 사로 잡혀 무엇이든 경비로 계산하는 사람이 있다. 하지만 사업에 사용하지 않은 돈을 경비로 처리하면 그것은 탈세다. 물론 속도위반을 해도 경찰에게 걸리지 않을 수 있는 것과 마찬가지로 탈세해도 들키지 않으면 '성실하게 규칙을 지키는 사람이 바보'라고 생각하기 쉽다. 조금이라도 수익이 생기면 세금이 발생하므로 일부러 적자를 내는 프리랜서도 있다. 돈을 벌지 못하는 프리랜서로 머무는 것이다.

솔직히 말해서 별로 매출이 크지 않은 개인사업자에게 세무 조사가 들어오는 일은 드물다. 그래서 탈세를 해도 들키지 않는 경우가 많고 그만큼 공공연히 탈세를 자행한다.

하지만 돈을 벌지 못할 때 엉성하게 경비 처리를 하다 보면 노력이 결실이 맺어 큰 수익을 얻는 순간 대가를 치러야 한다. 큰 수익을 내자 마자 세무서가 문을 두드릴 것이다.

오랜 기간 탈세나 신고 누락이 쌓이면 본래 납부해야 할 수년 치의 세금, 사회 보험료, 그리고 추징 과세까지 합쳐져 엄청난 액수의 청구서를 받게 된다. 실제로 수천만 원이나 추가 징수를 받은 프리랜서도 있다. 그러면 아무리 돈을 벌었더라도 계좌에는 잔고가 없는 악순환을 반복하고 만다.

사업 자금을 남기는 것이 중요

그 외에도 과도한 절세에는 단점이 있다. 절세를 하겠다고 소득 금액을 줄이면 돈을 버는 능력이 없다고 여겨져 당연히 사회적 신용이 낮아진다. 은행에서 돈을 빌릴 수도 없고 신용카드의 심사조차 통과하지 못한다. 한편으로 소득이 충분하고 세금을 확실히 납부하는 사람은 원금은 물론 이자까지 제대로 변제할 사람으로 인정 받아 사업자금 대출이나 주택융자 등을 더 쉽게 받을 수 있다.

대출 심사를 받을 때 적자를 내는 사람과 흑자인 사람이 있다면 당연히 흑자가 유리하다. 돈을 빌려줘도 제대로 갚을 수 있으리라 믿을 수 있기 때문이다. 또한 사업자금 대출에서는 은행 계좌의 잔고가 심사 통과뿐 아니라 대출 금액의 상한에도 영향을 미친다.

다음 달에 일이 있을지 알 수 없어서 불안한 와중에 세금까지 내는 것은 부담스럽고 두려울 수 있다. 그러나 세금을 지불한 만큼 회사에는 돈이 남는 것이다. 많이 납세하는 일은 프리랜서의 자랑이다.

'확실히 세금을 낼 수 있도록 열심히 하자'라는 생각으로 활동하면 제대로 돈을 벌 수 있다. 절세해서 세금을 줄이려고 하기보다 '사업 자금을 조금이라도 남기고 싶다', '경비를 줄이면 사업 자금이 증가한다'라고 생각을 바꿔 보자.

경비도 지출이다.
절세를 한다 해도 잔고는 줄어든다.

39

안정적인 사업을 위한
자금 융통 방법

현금에 여유가 있어야 협상할 수 있다

돈이 없을 때는 불안과 압박을 못 이겨서 무슨 일이든
하고 싶어진다. 그래서 보수가 낮은 일이라도 받아들이
는 경향이 있다. 그러나 자금에 여유가 있으면 내용을
보고 일을 고를 수 있고 안정적으로 가격을 협상할 수
도 있다. 따라서 협상 능력을 떨어뜨리고 싶지 않다면
수중에 현금을 어느 정도 갖고 있어야 한다.

여유로운 자금의 기준은 개인에 따라 다르겠지만 6개
월분의 사업 자금이 이상적이다. 현금에 여유가 있는

만큼 일이 줄어도 크게 불안하지 않고 업무의 질도 올라간다.

나는 수중에 어느 정도의 돈이 남는지 회계 프로그램을 이용해서 파악하고 있다. '8월에는 내야 할 세금이 있다', '한 달에 외주비로 2백만 원이 든다'라는 식으로 월별로 필요한 자금을 미리 확인할 수 있어 유용하다.

은행 계좌를 사업용과 개인용으로 나눈다

프리랜서는 개인 생활과 별개로 사업 자금을 축적해야 한다. 그러기 위해서 은행 계좌를 사업용과 개인용 두 가지로 나눠서 사업자금을 적립하는 방법을 추천한다. 은행 계좌를 구분 없이 사용하면 일에 필요한 돈을 지불할 때도 생활비가 줄어드는 것 같은 착각에 빠진다. 예를 들어 일러스트레이터가 재료비를 포함해서 제작비로 30만 원이 필요하다. 그러나 개인용과 사업용의 자금을 같은 계좌에서 쓰면 생활이 곤란해질까 봐 제작비를 삭감하고 싶은 마음이 생긴다. 꼭 필요한 일에 투자를 하지 않는 상황으로 이어진다. 그래서는 일이 아니라 소꿉놀이에 불과하다.

그런데 사업용 계좌에 30만 원이 있으면 '어떻게 효율적으로 투자할까?'를 생각해서 망설임 없이 사용한다. 그러므로 계좌를 두 개로 나누고, 매달 정해진 생활비 이외의 돈은 사업자금으로 적립하는 것이 좋다.

긴급할 때만 대출을 받는다

프리랜서가 대출을 받는 게 좋은지를 두고 찬성과 반대 양론이 있지만, 대출 자체는 하나의 선택지로 활용할 수 있다. 특히 발주에서 입금까지의 기간이 긴 업무를 진행할 경우 또는 외주를 주거나 작업에 상당한 투자가 필요한 유형의 프리랜서는 자금 융통을 안정시킬 필요가 있다. 그런 측면에서 적극적으로 대출을 검토해도 좋다. 반면에 입금 주기가 작업으로부터 두 달 이내인 일을 주로 하거나 비용 지출이 거의 없는 업무를 하는 사람은 대출을 받을 필요가 없다.

대출은 빚이므로 주저할 수도 있지만 모기지론과 비슷하게 생각하면 된다. 다만 대출한 자금은 장래성이 높은 일이 아니라면 되도록 사용하지 않도록 한다.

물론 직장인이라도 주택담보 대출을 지불하지 못해서 파산하는 경우도 있다. 그것이 무섭다면 융자에는 손을 대지 않는 편이 나을 수도 있다. 대출금의 용도는 어디까지나 클라이언트로부터 송금을 받을 때까지 기간을 메우기 위함이다. 업무를 수주한 다음에 쓸 외주비나 비용 등으로 범위를 좁혀서 신중히 사용해야 한다.

대출을 받고 자금이 늘어났다고 착각해서 대담하게 사업 투자에 매달리는 것은 바람직하지 않다. 크게 투자하는 것은 프리랜서가 아니라 사업 규모의 확대를 목표로 하는 기업가다.

대출 타이밍은 창업할 때가 가장 좋다

대출하기 가장 적당한 타이밍은 창업할 때다. "은행은 맑은 날에는 우산을 빌려주고, 비가 오는 날에 거둬들인다"라는 말이 있지만 창업할 때만큼은 예외다. 물론 빌린 돈을 갚을 수 없으면 파산할지도 모르니 각오가 필요하다.

하지만 바로 창업한 시점에는 대부분 신용이 낮다. 때로 은행에서 융자를 받기가 어렵다. 그럴 때는 정부와 지방자치단체에서 지원하는 창업 대출을 알아보는 방법이 있다. 비교적 낮은 금리에 심사도 까다롭지 않은 편이다. (우리나라에는 소상공인시장진흥공단, 중소기업진흥공단 등을 통해 창업 대출을 받을 수 있다._옮긴이) 경험상 수속이 간편하고 심사에서 대출까지 신속히 진행됐다. 하지만 심사에는 사업계획서가 필요하므로 어느 정도 수고가 들었다. 이 외의 융자제도로 자금을 빌리는 경우 금리 3퍼센트 이하라면 선택지에 넣어도 좋을 것이다.

창업하고 몇 년 지난 후에 대출을 받으려면?

창업한 지 여러 해가 지난 프리랜서가 흑자를 내지 못한 상태에서는 돈을 빌리기가 더욱 어렵다. 대출 가능한 상품은 금리가 높은 경우가 많아서 갚지 못하면 최악의 상태에 빠질 수 있다. 현실적으로 프리랜서의 사업 규모로는 많은 금액을 받을 수도 없다. 따라서 창업했을 때나 흑자를 내고 있을 때 대출 받는 편이 좋으므로 어떻게 해서든 흑자 상태로 전환할 필요가 있다.

또한 적자를 내고 있는 개인사업자가 어떻게든 대출을 받고 싶다면 법인 전환도 생각해 볼 수 있다. 법인으로 전환하면 창업 상태가 되므로 창업 대출 심사에 쉽게 통과할 수 있다.

**은행 계좌는 업무용과 개인용으로
나눠서 사용한다.**

40

종합소득세 신고
쉽게 하기

소득 신고는 프리랜서의 의무

매년 5월이 가까워지면 '종합소득세 신고 기간이 다가온다!'라는 마음에 프리랜서 대다수가 당황하기 시작한다. 종합소득세 신고란 소득에 따른 세금을 내기 위한 절차를 말하며, 국가는 개인이나 법인이 신고를 한 소득을 바탕으로 세액을 계산한다.

직장인은 회사가 소득을 정리해서 국가에 보고하므로 개인이 소득 신고를 할 필요가 없다. 그러면 어째서 프리랜서는 종합소득세 신고를 해야 할까? 종합소득세 신고를 하지 않으면 국가가 프리랜서의 소득을 파악할 수 없고 징세를 할 수 없기 때문이다. 회사에 소속되지 않은 프리랜서는 스스로 소득을 파악해 신고할 의무가 있다.

장부를 작성하면 돈의 흐름이 보인다

종합소득세 신고를 하지 않으면 세무서에서 조사가 들어온다. 하지만 꼭 납세 의무로서만 매입매출 장부 작성을 하는 것은 아니다. 장부를 작성하면 돈의 흐름을 한눈에 알아볼 수 있어 유용하다. 가령 회계 프로그램으로 장부를 작성하면 현재 매상이나 품목을 알 수 있다. 나는 "이번 달은 마케팅 관련 매출이 많지만 광고 매출은 낮다"라고 실시간으로 수입을 파악할 수 있으므로 다음 달 돈 관리에도 도움이 된다. 또한 수중에 어느 정도 자금이 있는지 쉽게 확인 가능하다. 그래서 납세 시기에 회사에 자금이 없어 곤란한 상황을 피할 수도 있다.

이런 식으로 돈의 변동에 필요한 데이터를 입수할 수 있으므로 종합소득세 신고를 할 때만 장부를 작성하는 것은 아깝다고 생각하지 않는가? 평소에 회계 프로그램을 이용해서 부지런히 장부를 작성해 보자.

종합소득세 신고 간단하게 하는 방법

클라우드 방식 회계 프로그램을 이용하면 종합소득세 신고를 간단히 마칠 수 있다. 완성도 높은 서비스를 제공하는 회사가 꽤 있으니 마음에 드는 곳을 정해서 사용하면 된다.

최근에 나온 회계 프로그램은 복식부기(자산과 자본의 변동과 증감 상황을 일정한 원리원칙에 따라 대편과 차변으로 구분해서 기록하고 계산하는 것._옮긴이)를 잘 알지 못해도 간단히 신고할 수 있게 도와준다. 또한 회사의 규모에 관계없이 서비스를 이용할 수 있으므로 개인사업자와 법인 모두 이용할 수 있다.

정확한 숫자(금액)를 손으로 장부에 기입해야 하는

것은 꽤 어렵다. 게다가 거래가 많아질수록 숫자를 입력하는 수고가 든다. 귀찮아서 장부 작성을 못하는 사람도 많다. 회계 프로그램을 사용하면 그런 번거로운 장부 기입을 편하게 할 수 있다. 특히 신용카드 명세서와 은행 계좌의 인터넷 뱅킹의 거래 이력을 연결해 두면 편리하다. 거래를 자동으로 읽어 들이므로 숫자 입력을 실수할 일도 없다.

신용카드 계좌도 개인용과 업무용으로 구분한다

매일 부지런히 장부를 기입하지 않으면 "이 돈은 업무로 사용했나? 아니면 개인용?"이라며 돈의 용도를 잊어버리기 쉽다. 그래서 신용카드의 은행 계좌도 개인용과 업무용 두 가지로 나누어 사용하는 게 좋다.

또한 업무용 신용카드와 은행 계좌만 회계 프로그램과 연동해서 개인적인 돈이 섞이는 일이 없도록 한다. 참고로 신용카드의 자동 납부도 주의할 점이 있다. 업무용 신용카드의 인출 계좌를 개인용 계좌로 해 두면

카드를 나눈 의미가 없어진다. 업무용 신용카드의 인출은 당연히 업무용 계좌여야 한다. 그러면 '이건 뭐 때문에 썼지?'라고 생각하는 수고가 줄어들고 귀찮던 장부 기입이 쉬워진다.

나는 업무에서 사용하는 교통비를 경비로 처리한다. 그러나 한 장의 교통카드를 사용하면 개인적으로 쓴 교통비까지 회계 프로그램에 들어가게 된다. 그래서 교통카드도 개인용과 사업용으로 구분하고 평상시 두 개의 교통카드를 가지고 다닌다.

예를 들어 업무로 이동할 때는 업무용 교통카드, 개인적인 용무로 이동할 때는 개인용 교통카드를 사용하는 것이다. 그리고 회계 프로그램에는 업무로 사용하는 교통카드의 데이터만을 연동시킨다. 그렇게 하면 업무용 교통비만 장부에 들어가므로 회계 처리가 편해진다.

**회계 프로그램을 활용하면
쉽고 편하게 돈의 흐름을 알 수 있다.**

41

돈을 벌고 있어도
파산하는 경우

부가가치세는 나중에 지불해야 할 돈이다

평소 슈퍼나 백화점 등에서 상품을 샀을 때 상품 대금에는 부가가치세(부가세라 약칭한다)가 포함되어 있다. 그런데 부가세를 부담하는 것은 소비자이지만 부가세를 신고하고 납부하는 것은 사업자의 몫이다.

소규모 사업자에게는 납부 의무를 면제해 주기도 하므로 조건에 해당하는 경우 부가세를 내지 않을 수 있다. 예를 들어 연간 매출이 2천4백만 원이 되지 않는 간이과세자는 부가세 지불이 면제된다.

한편 일반과세자는 세무서에 부가세를 납부해야 한다. 부가세 신고는 일 년에 4회 있는데, 상반기 부가세 신고는 4월과 7월, 하반기는 10월과 다음 해 1월이다. 신고 기간은 해당하는 월의 1일부터 25일까지다. 법인은 이렇게 1년에 4회 하지만 개인사업자는 1월과 7월 2회 하면 된다.

게다가 부가세 중간신고 대상이 되는 법인과 개인사업자는 각 과세 기간을 3개월로 나누어 미리 예정 신고하도록 규정되어 있다. 이는 부가세의 납세를 분할해서 납세자의 부담을 가볍게 하려는 목적이다. 예를 들어 법인이라면 매출이 정해지지 않은 상태에서 매출 예상치를 바탕으로 상반기의 부가세를 지불한다. 그리고 실제 매출에 따라 하반기에 지불할 부가세를 조절하는 것이다.

흑자도산은 실제로 일어난다

"과세 매출이 1억 원을 넘었지만 적자라서 위험하다!"라는 상태에도 부가세는 내야 하니 무서운 일이다. 게다가 법인은 법인세 등도 더해서 납세해야 한다. 납세해야 할 부가세는 매입을 제외한 금액으로 산정된다. 가령 1억2천만 원(매출)−2천만 원(매입)=1억 원(매입을 제외한 금액)×0.1(부가세 10%)=1천만 원이다.

적자인 상태에서 1천만 원의 부가세를 지불하는 것은 상당히 힘들다. 게다가 매입이 거의 없는 경우 부가세 비율이 커진다. 많은 프리랜서는 매입이 적은 업종이 많으므로 상당한 금액이 되는 사람이 많다.

그런데 흑자인 상태라도 방심할 수 없다. 계좌에 1천만 원이 남아 있지만 부가세를 계산해 보니 1천4백만 원이라면 세금을 낼 수가 없다. 게다가 은행의 대출금 변제가 추가되면 결정타를 맞는다. 아무리 흑자라도 그 금액을 웃도는 부가세를 지불하게 되면 자금이 부족해서 도산하는 일까지 발생한다.

세금 낼 자금은 늘 구비한다

문제없이 세금을 내기 위해서는 수입과 지출을 관리해

야 한다. 자금의 흐름을 관리하는 것이다. 은행 계좌에 잔고가 부족하지 않도록 지불 기한을 짧게 해 두는 것이 좋다. 입금 주기가 조금이라도 빨라져야 자금 융통이 좋아진다.

또한 자금 부족을 피하려면 자금 융통을 잘 예측해야 한다. 나는 회계 프로그램을 이용해서 현시점에서 어느 정도의 세금을 지불해야 하는지 매월 파악한다. 오늘까지의 매출을 입력해서 결산하고 부가세 지불 예상액을 계산해 보는 것이다. 그리고 필요한 자금을 계좌에 보유하도록 한다.

이외에 소득세, 주민세, 국민건강보험료도 내야 하므로 주의를 기울여야 한다. 회계 프로그램에서는 지불 예상 세액을 가르쳐 주는 시뮬레이션이 기능이 제공되므로 활용해 보는 것이 좋다.

세금은 기본적으로 후불.
특히 부가세에 주의!

42

개인사업자가 법인으로
전환하는 타이밍

법인으로 전환하면 이익을 압축할 수 있다

개인사업자가 순조롭게 매출을 늘리다 보면 '이 정도로 돈을 번다면 법인으로 전환하는 편이 나을까?'라고 느끼는 적기가 온다. 참고로 나는 법인으로 전환한 프리랜서다. 일본에서는 법인으로 전환하는 일을 장기에서 자신의 말이 적의 진지에 들어가서 전세를 뒤집는 것에 비유하기도 한다. 법인 설립을 하면 여러 가지 장점이 있다. 무엇보다 자주 거론되는 것이 근로소득 공제다. 근로소득 공제란 급여 액수에서 일정액을 제하고 세금을 계산한다는 의미다.

회사원 같은 급여 소득자는 아무리 일에 필요하다고
해도 정장이나 구두 등을 회사의 비용으로 처리할 수
없다. 반면에 법인은 급여의 금액에 따라서 발생했다고
간주되는 비용은 일정 계산식에 따라 자동적으로 계산
되도록 한다. 가령 8천만 원의 급여를 받고 있으면 비용
으로 간주되는 금액은 2천만 원이다. 이 2천만 원을 급
여소득 공제라고 한다.

애초에 개인사업자는 소득세, 법인은 법인세로 수익
(매출-비용)에 대해 부과되는 세금을 내야 한다. 위의
사례로 보면 8천만 원-2천만 원=6천만 원(수익)에 대
해 소득세를 부과한다.

그런데 극단적인 경우 법인으로 전환한 회사의 대표
가 되어 회사에 남은 모든 이익을 급여로 받으면 회사
의 이익은 0원이다. 게다가 근로소득 공제가 있으므로
받은 급여보다도 낮은 금액으로 소득세가 계산된다. 법
인으로 전환하면 이처럼 근로소득 공제만큼 세금을 낮
출 수 있다.

소득세보다 법인세가 낮은가?

법인은 부가세에 더해서 법인세를 납세할 의무가 있다. 이것은 개인사업자에서 말하는 소득세와 비슷한 느낌이다. 법인세란 법인소득에 드는 세금으로 납부기한은 결산일부터 3개월 이내다.

소득세의 세율은 소득이 늘어남에 따라 42퍼센트까지 증가한다. 그에 비해 법인세는 수익에 따라서 증가하는 것이 아니라 일률적인 세율이다. 2017년 개정된 규정에 따르면, 법인세율은 2억 원 이하는 10퍼센트, 2억 원에서 2백억 원은 20퍼센트, 3천억 원 이상은 최고 25퍼센트까지 올라간다. 42퍼센트와 25퍼센트의 세율에는 커다란 차이가 있다. 다시 말해 어느 정도의 수익을 경계로 해서 법인세의 세율이 소득세의 세율보다도 낮아진다.

사업 규모나 공제에 따라 달라지긴 하겠지만, 법인세가 소득세보다 낮아지는 수익의 기준은 사업소득 7천만~8천만 원일 때다. 그 정도의 수익을 올린다면 세금을 고려해서 법인 전환을 검토하기 바란다.

법인은 소득을 분산할 수 있다

소득 금액이 증가할수록 개인사업자가 지불하는 소득세나 주민세의 세율은 올라간다. 그런데 법인을 설립해서 소득을 분산하면 개인이 지불하는 세금을 낮출 수 있다. 가령 자신이 개인사업자로서 1억 원의 소득이 있으면 그만큼에 해당하는 세금을 내야 한다. 그런데 법인을 설립해서 아내를 회사의 임원으로 한다고 하자. 아내에게 4천만 원의 급여를 지급하면 나는 6천만 원, 아내는 4천만 원의 소득만큼 세금을 지불하면 된다. 이렇게 하는 편이 한 사람에게 1억 원의 급여를 지급하는 것보다 납세액이 대폭 내려간다.

다만 가족의 능력 이상으로 임원 보수를 지불하면 사업이 이상한 방향으로 흘러가므로 나는 이런 구조를 사용하지 않고 나에게만 임원 보수를 지급해서 많은 세금을 납부하고 있다. 물론 거의 일을 하지 않는 가족에게 급여를 지급하면 세무 조사에서 문제가 될 수 있다.

공과 사를 혼동하는 일이 줄어든다

법인을 설립하면 은행 계좌가 개인용과 사업용 두 가지로 확실히 나뉘므로 공과 사를 혼동하는 일이 눈에 띄게 줄어든다. 대신 장부와 각종 서류를 세무서에 제출해야 하므로 그 처리가 어렵다. 나도 법인을 설립한 첫해에는 세무사를 고용했다. 하지만 다음 해부터는 회계 프로그램을 사용해서 결산서와 신고서를 일괄 작성하고 있다. 쓸 만한 회계 프로그램을 구입하는 것이 세무사를 고용하는 것보다 비용 면에서 훨씬 저렴하다.

법인을 설립하면 프리랜서의 단점이 사라진다

법인을 설립하면 사회적인 신용도가 높아진다. 나는 오랫동안 법인으로 프리랜서 활동을 하고 있는데, 주식회사의 대표라는 직함이 유효했는지 프리랜서라서 거래하는 데 난색을 표하는 클라이언트는 거의 없다.

이렇게 법인을 설립하면 여러 가지 장점이 있지만, 매출이 낮을 때 법인을 설립하는 것은 주의가 필요하다.

개인사업자와 법인의 장점과 단점

	개인사업자	법인(주식회사)
신용 이미지	신용이 낮다. 다만 최근에는 개인 사업자와 프리랜서에게 호의적인 분위기가 생기고 있다.	신용이 높다.
설립 절차 비용		법인 설립의 절차가 필요하다. 각종 절차에 2백만 원 가량이 필요하다.
급여 지불	등기 불필요. 개업 신고만으로 간단. 수입에서 경비를 뺀 것이 사업자의 급여.	매달 정해진 금액을 임원의 보수로 지불한다. 급여소득 공제도 적용된다. 급여를 어떻게 나누어 지불하느냐에 따라 세금을 줄일 수 있다.
경비의 범위	법인에 비해 경비로 인정되는 범위가 작다. 가족에게 급여를 지불하고 경비로 처리하는 경우는 신고서가 필요하다. 구체적으로는 접대교제비, 통신비 등.	개인사업자에 비해 인정 받는 범위가 넓다. 구체적으로는 생명보험, 출장수당, 사택 등의 복리후생 등.
융자 보조금	융자의 심사는 법인에 비해 통과하기 어렵다. 대출 가능 금액도 적다.	융자가 비교적 쉽고 대출 상한액도 크다. 금리가 낮은 제도권 대출이 가능하다. 각종 보조금 제도가 있다.
신고 절차	제출 서류도 적고 간단하다.	제출 서류가 많고 복잡하다.
세액	수익이 많지 않은 동안에는 개인사업자의 세액이 낮다. 수익이 늘어나면 세율은 최대 42퍼센트까지 뛰어오른다.	수익이 적은 동안에는 세액이 높다. 수익이 높아지면 법인의 세액이 낮아진다. 또한 다양한 절세 대책을 마련할 수 있다.
책임	무한 책임.	유한 책임. 다만 대출 등에서 개인 보증을 붙이면 무한 책임이 된다.
기타	공과 사를 혼동하기가 쉽다.	사업과 개인으로 회계가 명확하게 나뉘므로 공과 사의 혼동이 발생하지 않는다.

매출이 없어도 법인이 지불해야 하는 세금이 있고 폐업할 때도 돈이 들기 때문이다.

또한 최근에는 많은 기업이 개인사업자인 프리랜서를 이용하는 일에 긍정적이므로 오직 신용을 얻기 위해 법인을 설립할 필요는 없다. 다만 업계의 관습상 법인과 거래를 진행하는 업계나 기업도 있으므로 자신의 전문 분야의 업계 경향을 우선 알아보고 결정하자.

수익이 늘어나면 법인 설립도 고려해 보자.

프리랜서 공감 ④

에필로그

43

프리랜서가
안정적으로 돈을 벌기 위해
중요한 것 4가지

내가 프리랜서로 독립한 10년 전과 비교하면 지금은 프리랜서가 일하기에 훨씬 좋은 시대가 되었다. 최근 프리랜서가 되었거나 혹은 앞으로 프리랜서가 되고 싶은 사람에게 질투를 느낄 정도다. 그 이유는 세 가지가 있다.

첫째는 프리랜서에게 일을 발주하는 기업의 태도 변화다. 기업이 개인에게 일을 의뢰하기를 꺼리던 저항감이 명백히 줄어들었다. 비즈니스 환경의 변화가 빨라지면서 단기적이고 즉각적인 인력을 필요로 하는 일이 많아졌다. 따라서 기업이 전문 기술이 있는 프리랜서를 고용하는 기회가 늘어나고 있다.

둘째는 노동인구의 저하다. 기업이 필요한 타이밍에 원하는 전문 기술이 있는 인재를 채용하기가 점점 어려워진다. 그런 의미에서 앞으로는 프리랜서의 수요가 더욱 증가할 것이다.

셋째는 IT 기술의 발달이다. 소규모 사업을 운영하기 위한 비용이 대폭 감소하면서서 사무 작업에 많은 수고를 들이지 않게 되었다. 직접 만나지 않고도 온라인으로 간단히 회의를 할 수 있고, 세금 신고도 온라인으로 할 수 있다. 예전에는 대기업이 아니면 도입하기 힘들었던 시스템도 개인사업자까지 이용 가능해졌다. 현대의 테크놀로지는 프리랜서의 든든한 아군이 되어 지원해 주고 있다.

그럼 프리랜서가 '안정적'이라는 말은 도대체 무슨 의미일까? 빠르게 변화하는 시대의 파도를 피해서 자기 주변에 제방을 쌓는 것이 안정일까? 나는 그 변화를 즐기면서 파도를 즐겁게 타는 것이 진정한 안정이라고 생각한다.

본문에는 다 쓰지 못했지만, 프리랜서가 안정적으로 살아남기 위한 가장 본질적인 4가지 행동 지침을 소개하면서 이 책을 마무리하려 한다.

1. 스스로 가능성을 가로막지 않는다

'내 전문 분야는 이것뿐이니까', '나는 경험이 부족하니까'라는 소심한 태도로 성장 가능성을 포기하지 않는다. 무모하게 무엇이든 닥치는 대로 도전하라는 말은 아니다. 잘할 수 있는 영역부터 한걸음씩만 나아가자는 것이다. 무엇보다 새로운 일을 배울 기회를 즐기는 마음이 중요하다.

2. 나름대로 즐거운 인간관계를 만드는 방법을 찾는다

나는 내성적인 성격이라서 다른 사람과 의사소통하는 데에 상당한 에너지를 소모하는 편이다. 그래서 우울증에 걸렸을 때는 굉장히 피폐해졌다. 그렇지만 나만의 방식으로 적당히 거리 두는 방법을 터득하면서 사람 사귀는 것을 즐길 수 있게 되었다.

프리랜서가 받는 스트레스의 큰 원인이 인간관계다. 그렇다고 커뮤니케이션의 달인이 되라는 것은 아니다. 핵심은 '나만의 대인관계 방식'이다. 무리하지 않고 불쾌하지 않은 선에서 사람을 사귀는 방법을 모색하자.

3. 존경할 수 있는 사람과 일을 한다

가능한 한 존경할 수 있는 사람과 일을 하자. 그것만으로도 일이 즐거워지고 배움의 기회도 늘어난다. 또 실력이나 기술에 있어서 성장하는 속도가 눈부시게 향상된다. 주변에 본받을 만한 사람이 없다면 바로 환경을 바꾸기 바란다.

4. 일이 잘 풀릴 때일수록 다음을 준비한다

지난 10여 년간, 나는 잘 풀리던 일의 흐름이 갑자기 뒤집혀 최악의 결과를 가져오는 상황을 몇 번이나 마주했다. 긍정적인 흐름을 잘 타는 것도 좋지만 상황이 좋을수록 마음을 다잡고 다음으로 나아갈 준비를 해야 한다. 늘 새로운 클라이언트를 찾거나 새로운 기술을 터득하는 노력을 게을리 하지 않도록 한다.

프리랜서를 준비하거나 이미 프리랜서의 세계에 뛰어든 사람은 어렵게 각오하고 도전을 시작한 것이다. 그러므로 가슴을 펴고 자신의 선택을 자랑스럽게 생각했으면 좋겠다. 나는 그런 응원의 마음으로 이 책을 썼다. 모쪼록 프리랜서 여러분에게 도움이 되어 작은 혁명으로 나아가는 커다란 한걸음이 되기를 기원한다.

2018년 1월
야마다 류야

프리랜서로 살아남기

1판 1쇄 펴냄	2018년 10월 15일
지은이	야마다 류야
옮긴이	정지영
출판등록	제2009-00281호(2004.11.15.)
주소	03691 서울시 서대문구 응암로 54 서부플라자빌딩 3층
전화	영업 02-2266-2501 편집 02-2266-2502
팩스	02-2266-2504
이메일	kyrabooks823@gmail.com
ISBN	979-11-5510-066-0 03320

Ky*ra

키라북스는 (주)도서출판다빈치의 자기계발 실용도서 브랜드입니다.